SPARKNOTES™

성의 역사
(서론, 제1권)

The History of Sexuality: An Introduction, Volume 1

미셸 푸코

다락원 | Spark Publishing

SPARKNOTES 010

성의 역사

펴낸이 정효섭
펴낸곳 (주)다락원

초판 1쇄 인쇄 2009년 2월 10일
초판 1쇄 발행 2009년 2월 17일

책임편집 안창열
디자인 손혜정
번역 고광식
표지삽화 손창복

다락원 경기도 파주시 교하읍 문발리 509-1
내용문의: (031)955-7272(내선 400)
구입문의: (02)736-2031(내선 112~114)
Fax:(02)732-2037
출판등록 1977년 9월 16일 제300-1977-23호

Copyright ⓒ 2009, 다락원

값 7,000원

ISBN 978-89-5995-175-8 43740

http://www.darakwon.co.kr
일이관지(一以貫之) 논술팀이 제시한 실전 연습문제 답안작성
논술가이드는 www.darakwon.co.kr에서 무료 제공합니다.

세계의 교양을 읽는다

고전을 왜 읽는가?

인간의 삶과 세상에 대한 영원한 물음이 있기 때문이다. 시대와 사상을 뛰어넘어 지금 여기 우리에게 필요한 물음이 없는 고전은 더 이상 고전이 아니다. 인간과 삶에 대한 근원적인 물음 없이 고전을 읽는다면 자신과 인간에 대한 성찰과 지혜로 이어지지 않는다. 논술 시험 때문에, 과제물 때문에, 아니면 남들이 읽으니까, 나도 읽는다는 식이라면 그 책은 죽은 책일 수밖에 없다.

고전을 살아 있는 책으로 만드는 이 '물음!'에 답하기 위해서는 좋은 길잡이가 필요하다. 오랜 기간 동안 미국의 고교생과 대학 주니어들이 시험, 에세이 작성, 심층토론 준비를 위해 바이블처럼 애용해온 'SPARKNOTES'와 'CliffsNotes'는 바로 그런 좋은 길잡이의 표본이다. 이 두 시리즈가 원조 논술연구모임인 '일이관지(一以貫之)' 팀의 촌철살인적 해설을 곁들여 논술로 고민중인 대한민국 학생 여러분을 찾아간다.

SPARKNOTES와 CliffsNotes의 가장 큰 장점은 방대하고 난해한 고전을 Chapter별로 요약하고 분석해서 원전의 내용에 보다 쉽고 체계적으로 접근하는 신속·간편성이라고 할 수 있다. 여기에 '一以貫之' 팀이 원전의 중요한 문제의식, 즉 근원적 '물음'은 무엇이며, 그 '물음'은 오늘날에도 여진히 유효한가, 라는 질문을 다시 던진다.

대입논술로 고민하고, 자칭 타칭의 고전이 넘쳐나는 오늘의 독서풍토에서 지적 정복이 긴박한 대한민국 학생들에게 감히 이 시리즈를 자신있게 권한다.

—以貫之 논술연구모임 연구실장 이호곤

차례

이 책의 구성

SPARKNOTES와 CliffsNotes는 방대하고 난해한 원작을 보다 쉽게 이해할 수 있도록 돕는 안내서입니다. 여기에는 원작 이해를 돕기 위해 매 장마다 '요점 정리(또는 줄거리)'와 '풀어보기'가 실려 있습니다. '요점 정리(또는 줄거리)'에는 원저의 내용을 일목요연하게 정리해 놓아 저자가 전달하려는 내용을 어렵지 않게 파악할 수 있습니다. '풀어보기'에서는 철학서의 경우, 원저에 담긴 저자의 사상이나 관련 철학, 시대 상황, 논점 등을, 문학 작품인 경우에는 원작에 담긴 문학적 경향, 등장인물의 심리상태, 주제 등을 설명해 놓았습니다. 분석적이고 비판적인 글읽기의 바탕이 되는 요소들이죠. 비소설이나 소설을 막론하고 분석적이고 비판적인 글읽기는 독자에게 꼭 필요한 자질입니다.

그밖에도 원저를 좀더 깊이 복습해서 제대로 소화할 수 있도록 돕기 위해 'Study Questions'와 'Review Quiz' 등을 마련해 놓았습니다.

* 〈 〉는 철학서, 장편소설, 중편소설, 수필집, 시집. " "는 단편소설, 논문
* 작품명은 독자의 이해를 돕기 위해 예외적인 경우를 제외하고는 영어식으로 표기함.

⊙ 일이관지(一以貫之) 논술노트

권말에는 일이관지 논술팀에서 작성한 논술노트가 실려 있습니다. 원서를 우리의 삶과 연계시켜 비판적 사고와 논리적 글쓰기의 방향을 제시합니다.

⊙ 실전 연습문제

논술예제와 기출문제를 통해서는 원작을 바탕으로 출제 가능성이 높은 논점을 함께 숙고해 봅니다.

간추린 명저 노트

20세기 중반 프랑스의 지적인 환경은 구조주의 철학이 지배하고 있었다. 인류학부터 철학, 수학에 이르기까지 다양한 분야에 적용되었던 구조주의는 의미란 것이 주어진 체계의 개별적인 단위들(이를테면, 언어 체계에서는 단어들)에 있지 않고 이 단위들 사이의 관계에 있다고 주장한다. 즉 우리는 세상을 구성하고 있는 개별 사물들이 아니라 이 사물들 사이의 관계를 이해함으로써 세상을 이해하게 된다는 것.

구조주의적 사고는 미셸 푸코 Michel Foucault의 초기 이력에 영향을 미쳤다. 그는 스스로 '지식의 고고학'이라고 불렸던 지적 역사에 대한 접근법을 개발했다. 이 접근법은 개별 사상가나 동기들의 중요성을 내던지고, 대신 다양한 시대를 특징짓는 불가피한 사고방식을 강조했다.

푸코는 〈성의 역사 The History of Sexuality〉를 집필했던 후반기에 이 접근법을 니체로부터 빌린 계보학적 접근법으로 보충한다. 니체는 우리가 사용하는 개념들이 고정된 것이 아니고 다양한 시대의 변화하는 욕구에 따라 발전하고 있다고 주장하고, '선'과 '악'이란 개념이 어떻게 변해 왔는지를 보여준다. 푸코는 〈성의 역사〉에서 '성'의 개념에 대해 똑같은 주장을 펼친다. 개념들과 자아상은 역사의 변덕에 따라 유동적이고 우연적이라며 후기 구조주의적 입장을 취하는 것.

상당 부분 〈성의 역사〉는 성은 끊임없이 억압되어 왔으며 성해방에 의해서만 정치적 자유를 획득할 수 있다는 소위 '억압의 가설'을 논박하려고 애쓴다.

〈성의 역사〉는 정치, 후천적·사회문화적 환경에 의해 교육받은 성(gender)과 인간의 근원적이고 본능적인 욕망인 성(sexuality) 사이의 교차점을 연구하는 비교적 새로운 분야인 퀴어 이론*의 교과서로 간주된다. 이 이론의 주된 취지는 우리의 정체성이 성(gender)이나 성적인 기호에 의해 어느 정도 고정되거나 결정된다는 사고방식을 논박하는 것이다.

푸코는 1926년 10월 15일 프랑스의 푸아티에서 태어났다. 그의 아버지는 의사였다. 고향에서 평범한 교육을 받으며 성장한 푸코는 1946년에서 50년까지 명문 파리 고등사범학교(에콜 노르말 쉬페리외르. ENS)에서 철학과 심리학을 공부했고, 한동안 공산당에서 활동하기도 했다.

---

* **퀴어 이론**(queer theory): 생물학적으로 타고난 성별(sex)조차 후천적으로 형성된 성(gender)처럼 반복적인 모방을 통해 문화적으로 구성된 것이며, 이성애와 동성애의 구분 역시 권력담론의 일부라고 비판하면서 동성애를 이성애의 입장에서 천시할 근거가 없다고 주장한다. 미국의 여성주의 철학자 주디스 버틀러가 주장.

그는 당시에 생트 안느 정신병원의 진료소에서 환자들을 관찰했고, 졸업 후에는 릴 대학에서 심리학을 가르쳤다. 1955년, 프랑스 문화대표단 대표로 스웨덴 웁살라에 파견된 그는 웁살라 대학교에서 첫 번째 저서인 〈광기와 문명 *Madness and Civilization*〉의 상당 부분을 썼다. 이후 그는 폴란드와 함부르크로 배속되었다.

1960년 박사학위 논문으로 제출되었던 〈광기와 문명〉은 1961년에 출간되었다. 푸코는 1960년부터 클레르몽 페랑 대학교 교수로 임용되어 철학과 심리학을 가르쳤다. 이 사실은 그의 경력이 대중지식인으로 시작되었다는 점을 잘 보여준다. 그는 프랑스 비평지 텔크의 편집위원으로 일하면서 〈레이몽 루셀 *Raymond Roussel*〉(1963), 〈임상병원의 탄생 *Birth of the Clinic*〉(1963), 〈사물들의 층위 *The Order of Things*〉(1966), 〈지식의 고고학 *The Archeology of Knowledge*〉(1969), 〈감시와 처벌 *Discipline and Punish*〉(1975), 〈성의 역사〉(3권. 1976, 1984, 1984) 등을 집필했고, 1970년에 명문 콜레주 드 프랑스의 사상사 교수로 임용되기 전까지 튀니지와 뱅센느 대학교에서 학생들을 가르쳤다.

지성인이자 철학자, 정치행동가였던 푸코는 알제리 전쟁, 인종차별주의, 베트남 전쟁에 반대하고, 감옥 개혁에 찬성하는 등, 광범위한 분야에서 저항과 사회 운동을 펼쳤으며, 1970년대의 대부분은 정치적인 일에 전념했다. 학창시절부터 공공연하게 동성애를 나눴던 그는 동료인 다니엘 드페르와 함께 살았으며, 에이즈에 감염되어 1984년에 세상을 떠났다.

성에 대한 우리의 사고는 지난 300년간의 성의 역사가 억압의 역사였다고 주장하는 '억압의 가설'로 크게 채워진다. 생식 목적 이외의 섹스는 금기다. 이 가설에 따르면, 우리가 이 억압으로부터 해방되는 유일한 길은 성에 대해 더 개방적이 되고, 섹스에 대해 이야기하고, 섹스를 즐기는 것이다.

푸코는 섹스가 억압되고 섹스를 중심으로 침묵을 강요당했다는 주장에 동의하지 않는다. 오히려 18세기 이후로 성에 대한 담론은 오로지 강화되고 확산되었다는 것. 성직자들은 사람들이 고백성사에서 가장 작은 유혹이나 욕망도 털어놓기를 기대했고, 성적인 행위는 인구통계학적 분석의 중요한 연구 대상이 되었다. 이처럼 담론이 강화되고 확산되면서 강조 부분이 결혼한 부부로부터 어린이의 성, 동성애 등의 성적 '도착(倒錯)'으로 옮겨갔다. 또한 개인의 성은 그의 성격에 대해 많은 것을 설명해 준다고 생각되었다.

섹스는 점차 앎의 대상이 되었다. 다른 문화들은 섹스를 앎의 대상인 육감적인 쾌락의 기술로 취급했으나, 유럽 문화는 섹스를 거리가 떨어진 과학적 연구의 대상으로 취급한다는 점에서 구별된다. 고백의 형태와 혼합된 과학적 담론이 섹스에 대한 담론을 형성했다. 대상자들은 자신들의 가장 어두운 비밀들을 고백하고 털어놓을 것이 기대되었고, 이 고백들은 과학에 준하는 형태로 성문화(成文化)되었다.

푸코는 우리가 어째서 섹스를 우리에 대한 진실을 지니고 있으면서 우리를 설명해 주는 열쇠로 여기게 되었는지를 묻는다. 그 대답은 섹스가 권력과 앎과 맺고 있는 관계와 연관이 있다. 푸코는 권력의 '사법-담론적인' 개념이 항상 법과 같은 형태를 띠고 단순히 억압하고 제약하는 어떤 것이라며 비판하고, 권력은 억압적인 만큼 생산적이며 다양한 면을 지니고 도처에 존재한다고 넌지시 말한다. 권력은 어느 곳에나 존재하고 모든 방향으로 작용한다는 것. 그렇다면 성은 권력이 억압하는 어떤 것이 아니고 권력의 커다란 통로다. 푸코는 어린이의 성, 여성의 성, 결혼한 부부의 성과 성적 '도착'이란 네 가지 주요 초점을 밝힌다. 이러한 네 가지 초점을 통한 성의 장치로 권력은 가족 속으로 들어가고 사회에 퍼진다. 이 장치는 성적 일탈이 그들 계급의 영속적인 생존에 대대로 위험한 것으로 간주했던 부르주아지의 등장과 함께 이루어졌다. 따라서 섹스에 대한 그들의 통제는 주로 자신들의 건강과 장수를 확보하기 위해 의도된 것이었다.

절대주의 시대의 '죽음의 권리'는 '생명에 대한 권력'으로 대체되었다. 권력은 주로 생명을 양육하고 보존하기 위해 행사되었고, 철저히 규범화된 통제가 신체의 규율과 인구 조절에 이루어졌다. 마치 우리 스스로가 '건강한' 성을 위해 이 통제들을 받아들인 것처럼 섹스와 성의 장치는 생명에 대한 권력에 본질적인 것이 되었다. 우리는 성이 우리의 본질, 현재의 우리를 만들어주는 것으로 생각하지만, 사실은 우리를 더욱 쉽게 통제할 수 있도록 만드는 사회적 구조물에 불과하다.

● **성** sexuality | 푸코는 성을 인간의 신체를 정치적으로 더욱 엄격하게 통제하기 위해 사용된 하나의 사회적 구조물이라고 간주한다. 우리는 성을 우리 내부에 깊숙이 묻혀 있는 어떤 것, 그리고 우리 삶의 모든 면에서 드러나는 것으로 간주하게 되었다. 이것은 성을 고백해야 할 필요성과 연결하고, 섹스를 가치 있는 사회적 필수품으로 간주한 오랜 역사의 결과다.

● **권력** power | 푸코에게 권력은 단순히 통제하고 금지하는 억압적이고 법에 준하는 힘이 아니며, 권위를 가진 사람들에게서만 오는 것이 아니라 수많은 방식으로 동시에 수많은 다른 지점으로부터 나타난다. 또한 앎과 담론의 전파를 지시하고 우리의 개념과 자아상을 형성한다.

● **담론** discourse | 말과 사고들이 교환되는 맥락과 방식. 어떤 사고의 의미는 수로 그 사고가 논의되고 있는 맥락과 그 사고가 어떤 사고들과 연관을 갖느냐에 달려 있다. 이 넓은 맥락이 바로 푸코가 말하는 '담론'의 의미다.

● **억압의 가설** repressive hypothesis | 권력이 지난 3세기 동안 섹스를 억압했다는 주장. 부르주아지의 등장 이래로 섹스는 에너지의 낭비라고 비난받은 결과, 억압되고 침묵당하고, 생식의 목적으로만 한정되었다는 것. 이 가설에 따르면, 만약 우리가 섹스에 대해 개방적으로 말하고 그것을 더 빈번히 즐김으로써 이 억압으로부터 해방될 수 있다면 우리는 정치적 해방과 성적인 해방을 동시에 이룩할 수 있다. 푸코는 이 가설에서 커다란 오류를 발견한다.

　　프랑스에서 출간된 〈성의 역사〉 제1권은 "앎에의 의지 The Will to Knowledge"라는 부제가 달려 있다. 푸코는 성 자체보다는 어떻게 성이 앎의 대상이 되었는지에 관심이 있다. 우리는 왜 지난 몇 세기 동안 점점 더 우리의 정체성이 성과 밀접한 관계가 있다고 보게 되었을까? 우리는 왜 그토록 엄청난 관심을 갖고 섹스를 연구하게 되었을까?

　　성에 관해 소위 니체*의 '계보학적 방법'을 따라가는 푸코는 성의 개념이 고정된 어떤 것을 나타낸다고 가정하지 않고, 성에 대한 개념은 수많은 의미, 수많은 방식, 수많은 목적을 가지고 사용되어 왔다고 암시하는 궤적을 쫓아간다. 우리의 성은 고정된 '사물'이라기보다는 어떤 종류의 권력을 배분하는 도구로 사용되어 왔다는 것.

　　특히 푸코는 성에 대한 담론의 확산을 사회적 통제의 수단으로 간주한다. 우리는 성의 개념을 교육, 정신의학, 가족 구조, 인구통계학, 좋은 정부, 그리고 여타 많은 것들과 연계시켰다. 성은 고백, 그리고 결국은 자기정밀조사와 자

---

*　**니체**(Friedrich Nietzsche, 1844-1900): 유럽의 전통적인 종교, 도덕, 철학에 깔린 근본 동기를 밝히려고 노력했으며, 계몽주의가 가져온 결과를 반성했다. 주요 저서는 〈차라투스트라는 이렇게 말했다〉, 〈선과 악을 넘어서〉, 〈도덕의 계보〉 등.

기분석과 밀접하게 연결되어 있기 때문에 이 같은 조사와 분석은 우리 삶의 모든 면으로 확대되었다. 우리는 '건강한' 성을 위해 자신과 다른 사람의 행위를 계속 면밀히 감시하고 통제한다.

푸코에 의하면, 사회적 구조물 그 이상의 아무것도 아닌 성에는 생식기관, 성교행위, 혹은 그 행위와 관계된 본능과 충동에 대한 어떤 것도 존재하지 않고, 그 자체로 우리의 의식과 사회적 존재의 다른 면들과 연계되어 있다. 그런데 우리는 우리와는 독립된 개관적인 실체로 생각하는 관계들을 창조해냈다. 푸코는 성에 대해 '구조주의자적' 태도를 취하는데, 이와 반대로 '본질주의자적' 태도는 성을 우리 안에 존재하는 고정된 어떤 것으로 간주한다.

푸코는 책의 끝 무렵에 우리 시대의 성을 이전 시대의 천문학과 연결시킨다. 사람들은 엄청나게 다양한 사건들이 별의 움직임에 의해 정해지고 설명된다는 생각을 하곤 했다. 천문학은 천체의 운동을 둘러싼 간단한 사실들에 의존해 이 움직임들과 세상의 다른 사건들 사이에 나타나는 복잡한 연관 관계를 끌어낸다. 마찬가지로 성행위에 대한 몇 가지 간단한 사실들을 통해 현대 세계의 사건과 관념들에 대한 일련의 광범위한 사실들을 설명했던 것. 푸코는 성이 고백, 정신의학, 인구통계학 등에 연결된 기묘한 역사를 추적하고 있다.

푸코는 성의 역사가 지닌 우연성도 강조한다. 성은 어떤 거대한 역사적 계획에 의해 중요한 개념이 된 것이 아니라 성을 근대적 인식의 최전선으로 끌어온 외견상 우발적인 사건들이 연속적으로 존재했다는 것.

　　무엇이 푸코의 작품을 가능케 했는지는 정확히 알기 어렵지만, 한편으로 그것은 후기 구조주의의 걸작이다. 푸코는 우리가 누구이고 무엇인가라는 우리의 생각이 우연한 역사적 사실에 불과하다는 것을 훌륭하게 보여준다. 우리가 우리란 존재와 실체의 심장부에 존재한다고 믿는 개념들은 일련의 기나긴 권력관계를 통해 진화된 사회적 구조물이다. 푸코는 우리의 자아상 뒤에 숨겨진 비밀스런 동기들을 발견했던 것 같다.

　　또 다른 한편으로 푸코는 매우 선별적인 역사 기록에 의존하고, 빈번히 실체를 추려내는 일과는 거의 무관해 보이는 수사학적 미사여구와 논리적 비약에 빠지고 있다. 비록 푸코가 권력의 역사에 많은 주의를 기울이고 있지만, '권력'이 정확히 무엇이고 우리가 권력을 어떻게 경험에 연결해야 하는지의 문제는 여전히 불분명하게 남아 있다. 푸코는 우리에게 역사와 우리 자신을 바라보는 흥미진진한 방식을 제공했지만, 이 같은 시각에 대한 우리의 평가 방식을 결정할 실제적인 기준은 남겨주지 않은 것 같다.

성의 역사

Part별
정리
노트

제1부

우리 "또 다른 빅토리아인들"

: 요점정리

푸코는 18세기 이래로 우리가 성의 역사를 '억압의 가설'이란 용어로 해석하고 있다고 주장한다. 억압의 가설은 부르주아지의 등장 이래로 순전히 쾌락적 행위에 에너지를 쏟으면 사람들이 눈살을 찌푸린다고 가정한다. 그 결과, 섹스는 부부 사이에서만 적절하게 발생하는 은밀하고 실용적인 일로 취급되었으며, 이런 경계를 벗어나면 금지되었을 뿐만 아니라 억압되었다. 다시 말해 이것은 단순히 혼외 섹스를 금하고 언급되거나 생각될 수도 없는 것으로 만들려는 노력이다. 섹스에 대한 담론은 결혼으로 제한된다.

억압의 가설은 '부적절한' 성적 감정이 안전하게 풀릴 수 있는 어떤 고백의 배출구가 있었다고 설명한다. 푸코는 그러한 배출구로 매춘과 정신의학을 꼽는다. 미국의 문학평론가 스티븐 마커스는 빅토리아 시대에 정신과의사나 매춘부에게 의지한 사람들을 '또 다른 빅토리아인들'이라고 꼬

리표를 붙인다. 이들은 성에 대한 은밀한 유형의 담론을 이야기하기 위해 관습적 도덕의 한계로부터 그들을 해방시켜 줄 자신들의 공간을 만들어냈다.

억압의 가설에 따르면, 20세기도 별반 다른 것이 없다. 프로이트가 성에 대해 공공연하고 솔직하게 논의할 수 있도록 만든 것 같지만, 정신의학의 학술적이고 고백적인 영역으로 한정되어 있다. 우리는 단지 이론에 의해서는 억압으로부터 해방될 수 없으며, 성에 대해 더 개방적이 되고 이야기하고 즐기는 것을 배워야 한다. 억압체계에 대한 반란으로 여겨지는 성 담론은 지적인 분석보다는 정치적 자유의 문제가 되어버린다.

억압의 가설은 본질적으로 성에 대한 담론에 혁명적인 중요성을 부여하기 위한 시도라고 푸코는 암시한다. 성에 대해 터놓고 말하는 우리의 개인적인 자유에 도전적이면서 그것을 지극히 중요해 보이도록 만든다는 것. 성에 대한 담론은 더 낫고 더 자유로운 삶의 방식을 약속해 준다는 면에서 설교의 형태를 띤다.

푸코는 성에 대한 담론의 근대적 역설을 전달하고 싶이힌다. 왜 우리는 억압받고 있다고 큰 소리로 선언하는가? 우리가 어느 만큼 섹스에 대해 이야기할 수 없는지에 대해 왜 그토록 많이 말하고 있는가? 억압의 가설을 지지하는 사람은 대답할 것이다. 우리는 억압이 아주 자명하기 때문에 그것에 대해 잘 알고 있고, 우리 자신을 해방시키는 일은 공공연하고 솔직한 토론에 의해서만 진전될 수 있는 기나긴 과정이라고.

푸코는 억압의 가설에 대해 세 가지 의문을 제기한다. (1) 오늘날 우리가 생각하는 성적인 억압의 기원을 17세기 부르주아지의 등장에 두는 것이 역사적으로 정확한 것인가? (2) 우리 사회의 권력이 진정 근본적으로 억압의 범주에서 표현되는가? (3) 근대의 성에 대한 담론은 정말로 그때까지 이의 없이 기능한 억압의 역사와의 단절인가, 아니면 똑같은 역사적 망(網)의 일부분인가?

억압의 가설에 의문을 제기하는 푸코는 그것을 부인하는 데는 커다란 관심이 없고, 이를테면 유럽 문화에서 섹스가 금기시된 주제였다는 사실을 부정하고 싶어하지 않는 것도 분명하다. 그의 관심은 주로 성에 관한 '담론화'의 고찰이다. 성이 어떻게 그리고 왜 논의의 대상이 되는지를 알고 싶은 것이다. 궁극적으로 그가 관심을 갖는 것은 성 자체가 아니라 성에 관한 담론을 뒷받침하는 어떤 종류의 앎과 어떤 관점에 대한 경향이자 그 앎에서 우리가 발견하는 어떤 종류의 권력이다.

: 풀어보기

푸코는 '담론'이란 말을 자주 사용하면서 매우 특별한 의미를 부여한다. '논의'라고 하면 언급되어온 것에 대해서만 이야기하지만, '담론'은 그밖에도 누가 그 말을 했는지, 무엇에 대한 반응과 어떤 맥락에서 그 말을 했는지 등에 대해 이야기한다. '담론'이란 용어는 언급되는 말들을 더 넓은 맥락에서 받아들인다.

담론은 푸코에게 중요하다. 그가 보기에는 언어와 앎이 권력과 밀접하게 연결되어 있기 때문이다. 말과 글쓰기는 단순히 진공상태에서 일어난 사실에 대한 의사소통만이 아니다. 무엇이 말해지는지만큼이나 누가 무엇이 말해지는지를 결정하느냐도 중요하다. 푸코는 "앎이 권력이다"란 격언으로부터 사고에 대한 복잡한 체계를 전개한다. 무엇이 말해질 수 있는가를 결정하는 사람이라면 무엇이 알려질 수 있는지도 결정한다. 무엇이 알려질 수 있는지를 결정하는 사람이라면 우리가 어떻게 생각하고 어떤 사람이 되어야 하는지를 효과적으로 결정한다. 푸코에 따르면, 이처럼 언어와 앎은 항상 정치적인 측면을 갖게 된다.

억압의 가설에 따르면 권력은 섹스에 대한 논의를 억압하기 위해 행사되었다. 그러나 섹스보다 중요한 것은 성에 대한 담론이다. 결혼제도는 성을 진지한 생식기능으로 완전히 흡수하고 성에 대한 담론을 그 제도의 배타적인 소유물로 접수했다. 결혼만이 성에 대해 말해지고 말해지지 않을 것을 결정하는 전권을 갖는 것. 결과적으로 문화는 결혼 영역 밖에서 일어나는 성에 대한 모든 담론을 금지한다.

억압의 가설은 결혼제도가 성 담론에 대해 배타적 권리를 갖는 이유를 설명해 준다. 이 가설은 성적인 억압을 부르주아지의 등장과 연계시킨다. 그보다 앞선 귀족 계급과는 달리 노동과 산업화를 통해 부자가 된 부르주아지는 엄격한 노동윤리에 가치를 두고, 하찮은 일을 추구하며 에너지를 낭비하면 얼굴을 찌푸렸다. 따라서 쾌락으로서의 섹스는 비생산적인 에너지 낭비로서 비난의 대상이 되었다.

담론, 권력, 앎은 모두 이 가설에 연결되어 있다. 권력을 가진 부르주아지는 담론을 통제한다. 섹스가 어떻게 누구에 의해 말해질지를 결정하고, 그것을 통해 우리가 섹스에 대해 갖는 앎의 종류도 통제하는 것. 한편, 이 담론에 대한 통제는 그들의 권력 유지와 밀접하게 연결되어 있다. 부르주아지는 섹스가 그들의 노동윤리에 위험한 적이기 때문에 통제하고 제한하려고 든다. 섹스에 대한 담론과 앎을 통제하려는 욕망은 본질적으로 권력을 통제하려는 욕망이다.

억압의 가설은 18세기 이래 섹스가 어떻게 간주되어 왔는지, 즉 성에 대한 담론이 어떻게 통제되고 제한되었으며, 부르주아지를 위해 어떻게 존재해 왔는지를 확실히 설명해 준다. 그러나 푸코는 이 가설에 만족하지 않고 맹렬히 공격하지만, 그것이 잘못되었고 자신이 반대 의견을 갖고 있다는 식이 아니라 그 근원이 무엇이고 왜 생기는지를 알고자 한다.

푸코는 억압의 가설 자체를 하나의 담론 형태로 인식한다. 우리는 부르주아 사회가 우리의 성적 충동을 억압하는 방식들에 대해 말하는 전체적인 틀과 우리가 성에 대해 말하는 것을 어떻게 방해받아 왔는지를 이야기하는 하나의 방식을 발전시켜 왔고, 부르주아 사회에 대한 좀더 큰 정치적 반란의 일부로서 이 억압에서 풀려나 자유롭게 섹스를 말하고 즐겨야 할 필요성에 대해 이야기하게 되었다.

모든 형태의 담론처럼 억압의 가설은 단순히 진공 속에 있는 사실들의 집합이 아니고, 역사를 마르크스 식으로 읽도록 만든다. 즉 성적 억압은 계급투쟁이란 좀더 큰 역사의 일부분이라는 것. 푸코에게는 억압의 가설이 지닌 진실 여부보다는 그것이 만들어진 방식과 이유가 더 중요하다. 우리에게 왜 섹스에 대해 이야기하는 것이 그토록 중요하고, 그렇게 함으로써 왜 우리가 반란을 일으키고 있다는 것을 주장해야 하며, 왜 그 반란을 좀더 큰 정치적 반란의 일부로 보아야 한다고 주장하는 것인가? 푸코는 이 담론을 단지 더 신오한 의지, 즉 어떤 종류의 앎과 어떤 종류의 권력에 대한 의지의 표출로 간주한다. 그의 탐구는 이 가설 자체의 밑 부분을 파헤쳐 무엇이 그것을 유발하는지를 발견하고 싶은 것이다.

Chapter 1
담론의 선동

: 요점정리

푸코는 17세기 부르주아지의 등장과 함께 섹스에 대한 담론과 이 담론에 대한 담론에 대해 더 엄격한 통제가 가해졌다는 점에 동의한다. 현실에서 섹스를 억압하기 위해 언어의 차원으로 축소하고 통제하려는 노력이 있었으나, 또 한편으로 이런 노력은 섹스에 대한 담론도 강화시켰다.

성적인 비행을 고백하는 것은 오랫동안 종교적 고백의 중요한 부분이었다. 17세기의 기독교 사제는 이런 고백들이 덜 노골적인 것이 되도록 유도했지만 그 범위는 훨씬 더 넓어졌다. 육욕만이 아니라 욕망, 생각, 음탕한 상상, 꿈도 섹스 쪽으로 조금만 기울어지면 고백성사와 영성지도의 대상이 된 것. 사람들은 끊임없이 자신의 성에 대해 알고 성에 대한 모든 양상을 이야기하도록 강요받았다. 거기에는 성적 욕망을 담론으로 변화시키려는 노력이 있었다. 푸코는 기독교 사제의 이런 양상을 섹스를 적나라하게 묘사하는 요즘 세기의 추잡스러운 문학과 동일시한다.

그러나 이 시기쯤 섹스에 대한 담론도 종교적 고백의 영역을 훨씬 벗어난 곳까지 확장되었다. 먼저, 섹스에 대한 담론은 대중적 관심사가 되었다. 섹스가 통계적인 현상으로서 분석되고 분류되고 이해되는 합리적인 연구대상이 된 것. 18세기에는 인구통계학이 인구 조절수단으로 연구되기 시작했다. 시민들의 성생활은 출생률, 연령, 비합법적 출산 등에 대한 통계로서 공적인 정밀조사의 주요 대상이 되었고, 따라서 공적인 효용도 중요해졌다.

섹스에 대한 담론을 확장하는 두 번째 예는 어린이의 성에 대해 나타난다. 푸코는 학생들 사이의 성적 접촉을 끊임없이 방해할 목적으로 설계되고 통제되었던 18세기의 중학교를 예로 든다. 소년과 소녀들은 분리되었고 엄격한 통행금지가 시행되었다. 더 넓은 맥락에서 보면, 어린이들의 성이 대중들의 관심을 엄청나게 받았던 것. 심지어 어린이들조차 성에 대해 적절하고 올바르게 이해하고 있다는 것을 보여주는 방식으로 이야기하도록 가르쳤다.

비록 젊은이들의 성생활에 대한 솔직하고 즐거운 논의가 더 이상 받아들여지지 않았지만, 푸코는 이러한 침묵 강제를 어린이들과 섹스에 대한 담론이 변화하는 어쩔 수 없는 양상으로 간주한다. 이런 조잡하고 상스러운 담론은 그들의 주제를 강력히 통제하는 전문 용어와 전문 지식을 사용하는 수많은 복잡한 담론으로 대체되었다.

　푸코는 의학, 정신의학, 형사재판의 영역에서 담론의 또 다른 중심지를 찾아낸다. 어떤 종류의 섹스를 금하는 법들은 더욱 엄격해졌고, 섹스에 대한 연구는 더욱더 빈번해졌으며, 일반적인 성지식이 높아지면서 훨씬 더 많은 섹스 이야기로 이어졌다. 푸코는 소녀들의 성적 애무에 대가를 지불했다가 체포되어 법정에 서고 수많은 심리학적 연구의 대상이 되었던 생각이 모자라는 시골사람의 예를 들고 있다. 옛날에는 그냥 넘어갔을 하찮은 행위에 대해 법과 의학이 개입하고, 또한 거창한 이론 구축의 대상으로 변했다는 것이다. 성적인 문제들이 점점 더 많이 담론에 도입되고 있었던 것. 중세에는 고백성사와 기독교 도덕의 영역에 한정되었던 섹스에 대한 담론이 18세기에는 수많은 꽃을 피웠다.

　푸코는 자신의 분석에 대해 그럴듯한 반론을 제시한다. 섹스에 대한 담론의 폭발적인 증가는 섹스가 비밀스런 문제이고 보자기에 싸여 간직되어야 한다는 사실을 반영하는 것이라고 말할 수는 없었을까? 푸코는 이 비밀의 개념 자체가 섹스에 대해 말하라는 요구를 구체화하는 방식, 즉 섹스에 대한 담론의 일부라고 대답한다. 마치 섹스를 무엇인가가 숨겨진 비밀처럼 이야기하는 것이 우리에게 성을 벗겨내고 배우도록 만든다는 것이다.

다시 생각해 보건대, 억압의 가설은 권력과 섹스를 억압의 관계라고 말한다. 권력은 섹스가 보자기에 싸인 채로 있도록 말해지거나 생각되지 못하도록 작용해 왔다는 것. 이번 장에서 푸코는 실은 그 반대라는 점을 납득시키려고 한다. 권력은 섹스가 점점 더 많은 담론으로 형성되어 더 광범위하고 더 분석적인 초점이 되도록 작용해 왔다는 것.

푸코는 억압의 가설을 고취하는 어떤 기본적인 사실도 부인하지 않고, 섹스를 통제하려는 더 강력한 노력이 있었고 섹스가 더욱더 부끄러워해야 할 무엇이 되었다는 점에 동의한다. 중세와 르네상스 시대의 사람들은 섹스에 대해 자유롭고 편안한 태도를 취해 섹스를 쾌락의 대상으로 생각하는 것을 그다지 부끄러워하지 않았다. 푸코는 이처럼 자유롭고 편안한 태도가 억압된 것은 부상하는 부르주아지가 섹스를 통제한 결과라는 데 동의한다.

푸코가 억압의 가설에 동의하지 않는 부분은 어떻게 그리고 왜 이런 개방된 성이 억압되었는지에 관해서다. 억압의 가설은 이전 형태의 담론이 지닌 침묵 강요만을 보지만, 푸코는 이 침묵 강요를 섹스에 관한 '앎의 의지'가 증가하는 데 따른 필연적인 결과로 간주한다. 이를테면, 섹스에 대해 아는 것이 더욱 중요해지면서 섹스에 대해 말할 수 있는 방식이 더욱 엄격하게 통제되었다는 것.

이번 장에서 푸코는 17세기 이래로 섹스에 대해 말하는 것이 금지되기는커녕 늘어났을 뿐이라고 주장하지만, 섹스에 대해 말하는 방식도 변했다는 것을 보여준다. 르네상스 시대의 귀에 거슬리는 농담과 노골적인 고백성사는 18세기와 그 이후의 통제된 인식과 분석적인 연구들과는 거의 아무런 공통점이 없다. 지난 3세기 동안 '섹스'란 단어는 전혀 다른 의미를 지녀왔다.

이 같은 의미변화는 권력과 섹스의 관계변화에 따른 직접적인 결과다. 지난 3세기 동안 섹스는 점점 더 많이 앎의 대상이 되면서 과학에 사용된 일종의 사심 없는 정밀조사를 받아왔다. 섹스는 우리가 웃을 수 있고 무모하게 열정적으로 추구할 수 있는 그 무엇이 되기를 멈추고 냉정함과 통제력을 갖고 접근해야 하는 것이 되고, 단순한 사람과 정열가들의 영역이 되기를 멈추고 사회과학자와 법률가의 영역이 된다.

얘기인즉슨, 섹스에 대한 노골적이고 조잡한 담론이 금지된 이유는 그것이 틀려서가 아니라 새로운 형태의 담론에 길을 내주어야 했기 때문이다. 섹스가 점점 더 많이 앎의 대상이 되면서 이 앎을 통제하는 사람들이 점점 더 중요해진다. 이들은 일반적으로 사회의 통치제도들과 연결되어 있다. 예를 들어, 푸코가 어째서 섹스가 주요 연구대상이 되었는지를 보여주는 이유는 정부가 점점 더 인구의 주요 통계들에 관심을 갖게 되었기 때문이다.

푸코는 그 훌륭한 예로 소녀에게 성적 호의의 대가를 지불했던 시골사람을 꼽는다. 시골사람의 담론의 형태, 즉 소녀와의 성적 교제는 경멸스러운 것으로 간주되었으나 단순히 침묵이 강요되지 않았고, 전문적인 담론으로 대체되어 연구·시험·분석된 결과 그의 행동이 해석되고 분류될 수 있었다. 사법당국은 담론 자체를 통제하는 데 주로 관심이 있었던 것으로 보인다. 그러한 성적 행위가 말해지지 않아야 한다는 것이 아니라 어떤 재가된 방식으로 말해져야 한다는 것이다.

푸코는 이 장에서 섹스에 대한 담론이 다양해졌다는 점도 강조한다. 인구통계학적 연구, 의학적 연구, 정신의학적 연구, 심리학적 연구, 형법 규정, 학칙 등등. 이 다양한 담론들은 여러 가지 이유로 생겨났기 때문에 전체적으로 한 가지 '이유'를 붙이기는 어려울 것이다. 억압의 가설은 섹스에 대한 담론의 변화를 생산성을 증대시키려는 부르주아지의 욕구와 연결시키려고 하지만, 담론의 다양성은 가설의 이런 면과 모순된다. 담론에서의 이런 변화를 더 넓은 역사적 맥락 속에 위치시킬 수 있는 깔끔한 인과적인 설명은 존재하지 않는다. 섹스의 합리화를 추진시키는 앎에의 의지는 경제적 원인들로 축소될 수 없다.

Chapter 2
성적 도착(倒錯)의 착상(着床)

　푸코는 비록 섹스에 대한 담론이 증가했지만, 이 담론은 비생산적인 성적 관행을 줄이고 인구증가를 굳건히 유지하며 노동력을 재생산하고 사회관계의 형태를 갱신하는 것, 즉 경제적으로는 유용하고 정치적으로는 보수적인 섹스로 정비하려고 주의를 기울인 결과라며 그럴듯한 반론을 제기한다. 그리고는 현대의 담론이 확실히 비생산적인 성적 관행의 형태들을 줄이지 않았고, 그 반대로 19세기와 우리 시대에는 성이 확산되고 성의 잡다한 형태가 강화되며 성적 '도착'이 다양해졌다고 답한다.

　이전에는 오직 결혼, 즉 부부 사이에서 할 수 있거나 할 수 없는 것만을 다뤘던 섹스에 대한 담론이 점점 더 결혼의 범주 밖에 있는 어린이, 동성애자, 범죄자, 정신병자 등의 성으로 초점이 맞춰졌다. '방탕'의 막연한 범주가 해체되면서 그 잔해로부터 한편으로는 결혼과 가족의 법제에 대한 위반이, 다른 한편으로는 성적 '도착' 같은 반자연적인 행위들이 솟아난 것.

18세기 이래로 혼외의 다양하고 기묘한 성적 관행들을 구별하고 분류하려는 일치된 노력이 있었으나 여기에 투입된 권력은 이 같은 주변적 성에 불안을 느끼고 억압하려 한 것이 아니다. 푸코는 성적 '도착'의 확산 쪽으로 경도된 이런 권력의 기능은 잡다한 성을 현실로부터 몰아내는 단순한 금지와는 다른 네 가지 조작이었을 것이라고 밝힌다.

첫째, 어린이의 성에 대한 연구는 단순한 억압 이상의 아주 다른 동기가 있다. 어린이의 성에 대한 정밀조사는 좀 더 일반적인 성을 조사하는 효과적인 발판이 되는 것. 이 조사는 부모, 교육자, 의사들에게 어린이의 성이 지닌 위험을 알리고, 어린이의 성의 기원을 가족 관계에서 찾는다. 어린이를 성의 영역에서 배제하는 경계처럼 보이도록 만드는 것은 본질적으로는 성의 연구를 수많은 별개의 영역으로 확대하는 수단이다.

둘째, 동성애의 근대적인 개념은 성을 우리 실체의 근본적인 특성으로 간주하려는 욕구에서 생겨난다. 19세기 이전에는 남색이 금지된 행위의 한 유형으로 단순히 사법적 제재의 대상이었으나 그 이후부터는 개인의 동성애의 발현으로 간주했다. 이제 '동성애' 등의 성적 도착은 그 어떤 행위라기보다는 개인의 특이한 본성으로서 하나하나 명시되고 확정되어 정체성·정신과 불가분의 것이 되면서, 성은 개인의 인간성과 행위를 해석하는 열쇠가 되었다. 동성애를 둘러싸고 증가하는 담론은 비정상적인 행위들을 근절하기 위해 작용했다기보다는 개인의 정체성을 구성하는 요소로 보았다.

셋째, 다양한 형태의 성적 행위에 대한 증가된 정밀조사는 푸코의 소위 '권력과 쾌락의 (끝없는) 나선'의 일부다. 관찰자와 피관찰자는 '(기괴한) 성에 대한 의학화(醫學化)'를 수반하는 정밀조사를 통해 아주 내밀한 담론을 교환한다. 한편으로 관찰자는 권력을 행사해서 실험대상자의 성적 쾌락을 조사하고 끌어내며 그 권력 행사에서 일종의 쾌락을 얻고, 또 한편으로는 그 조사를 통해 관심을 받은 실험대상자의 쾌락들은 분리되고 두드러져 활기를 띠게 된다. 관찰자와 피관찰자는 모두 이 같은 내밀한 검사의 상호작용 속에 뒤섞인 권력과 쾌락을 발견한다.

넷째, 이 모든 정밀조사에 의해 사회는 섹스로 포화상태가 된다. 근대의 가족은 어느 정도는 일부일처제 중심의 세포지만 여러 가지 요소에 따라 유기적으로 결합되는 권력-쾌락의 망이기도 하다. 이제 다양하고 단편적이며 끊임없이 변하는 성으로 포화된 복잡한 조직망인 가족(보모와 하인들 포함) 생활의 모든 양상은 성의 렌즈를 통해 보여진다. 이런 정밀조사는 성을 봉쇄하는 경계를 설정한다기보다는 우리에게 모든 것을 성의 관점에서 보도록 만든다.

푸코는 억압의 가설과는 반대로 이 시대는 그 어느 때 보다 성에 대한 담론이 훨씬 많아졌다고 결론짓는다. 이것은 또한 이 시대가 비난을 꾀하는 소위 그 잡다한 성의 특성화와 확산으로 이어졌다.

풀어보기

이번 장의 결론은 18세기 이래로 결혼의 영역 밖에서 일어난 다양한 형태의 성적 '도착들'에 대해 아주 커다란 관심이 쏟아졌다는 관찰에 근거한다. 이런 관찰은 상대적으로 간단한 것이지만, 푸코는 다른 결론을 끌어내고 있다.

푸코에게는 권력, 담론, 앎은 연결되어 있다. 앎은 결코 사실들의 어중간한 축적이 아니라 항상 어떤 사물에 관한 지식을 특별한 방식으로 얻으려는 의욕, 즉 '앎에의 의지'가 존재한다. 우리는 어떤 것을 많이 알면 알수록 그것에 대해 더 많은 권력을 갖게 된다. 게다가 새로운 사물을 알게 되는 과정에서는 이미 알고 있는 것을 이용하는데, 그 배움 역시 권력의 행사다. 예를 들면, 다양한 형태의 성적 도착들을 조사하고 분류할 때, 분석의 권력을 이용하는데, 새로운 앎도 얻으면서 새로운 권력을 행사하는 것이다. 담론은 여기서도 작용한다. 우리가 어떤 것에 대해 무엇을 알고 어떻게 아느냐는 그것에 대해 어떻게 말할 수 있느냐와 직접 연관되어 있기 때문이다.

푸코는 성적 '도착들'에 대한 정밀조사에서 특히 강렬한 앎에의 의지를 발견한다. 이 정밀조사는 세부적인 연구와 꼼꼼한 분류로 이어진다. 우리는 임상학적으로 상세하게 다양한 사람들이 성적인 쾌락을 찾는 다양한 방법을 알게된다. 다양한 성들이 정확히 어떻게 나타나는지가 갑작스레 엄청나게 중요해진다. 예를 들어, 우리는 '성도착자', '이성 복장 도착자', '성전환자' 등 정체성 사이의 구분을 배우게 되는데, 이전 세대들이라면 이 모든 것을 일률적으로 취급했을 것이다.

'동성애' 개념의 예는 성에 대한 담론이 시간이 흐르면서 어떻게 심화되어왔는지를 보여준다. 개인의 성적인 경향은 옛날에는 다른 것들처럼 개인 자신에 대한 하나의 사실에 불과했으나 이제는 개인의 성격을 풀어주는 열쇠다. 이전 세대들은 성적인 습관을 음식을 먹는 습관이나 마찬가지로 생각했을지 모른다. 어느 누구도 먹는 것에 따라 사람을 분류할 생각을 하지 않았으리란 것. '채식주의자'나 '극단적 채식주의자' 같은 부류들이 존재하는 오늘날조차 우리는 식생활 기호에 근거해서 어떤 사람의 전체 성격을 이해하려고 들지는 않는다. 그럼에도 불구하고 목소리의 높낮이, 음악적인 기호, 혹은 정치적인 제휴관계 등이 그 사람의 '동성애'와 관련해서 설명될 수 있다고 생각한다.

푸코는 이런 담론의 심화를 곧장 권력의 행사와 연계한다. 거기에는 단지 성에 대해 더 많은 것을 알고자 하는 의욕뿐만 아니라 성을 창조하고 이전에는 성이 존재하지 않는다고 생각된 장소들에서 성을 발견하려는 의욕도 있다. 혼외의 성적 관행들에 관해 이루어진 정밀조사는 단지 모든 다양한 습관의 발견뿐만 아니라 상당부분 그것들을 창조하고 다양화시켰다.

푸코는 그런 관찰이 어중간한 행위가 아니라고 주장한다. 즉 연구대상—이 경우에는 성적 도착—은 정밀조사에서 변하지 않을 하나의 객관적이고 고정된 사물이 아니다. 성적 쾌락의 근원에 대한 강력한 조사는 우리에게 그런 쾌락에 대한 새로운 앎, 즉 그런 조사에 반응해서 크게 형성되는 앎을 부여한다. 어떤 개인의 성적 쾌락의 근원이 꼼꼼한 관찰자가 발견해야 하는 비밀이 되는 것. 이러한 관심을 통해 그 개인은 쾌락들을 점점 더 많이 알게 되고 더더욱 높이 평가하게 되면서 예전에는 깨닫지도 못했을 성적 쾌락을 발견한다. 마치 가벼운 복통이 치명적인 암의 최초 징후란 말을 들은 사람이 복부에 예민하게 신경을 곤두세우게 되는 것과 같은 이치다.

개인의 성적 쾌락들은 그것들이 초점이 되도록 행사되는 권력과 밀접하게 연결되어 있다. 우리는 세밀하게 조사하면 할수록 찾을 수 있는 것이 더 많다. 푸코는 권력과 쾌락의 이런 관계를 원형으로 묘사한다. 권력이 쾌락을 찾고, 쾌락이 권력 쪽으로 당겨지듯 서로를 순환적으로 추구한다는 것. 도착적인 성을 겨냥했던 우리의 분석권력은 그것을 억압하기보다는 꽃피우는 것을 돕는 쪽으로 작용했다.

스키엔티아 섹수알리스(1)

요점정리

섹스에 대한 담론의 증가는 금기와 단죄를 야기했다고
는 해도 보다 근본적으로는 잡다한 성 전체를 공고화하며
확립시켰고, 특히 19세기에는 진실을 말한다는 구실 아래
공포를 부추기는 효과를 발휘했다. 아무리 사소한 도착적
인 쾌락이더라도 한 개인뿐만 아니라 사회 전체, 나아가 인
류에게 위협이 될 수 있다며, 위험한 해악으로 간주했던 것.
섹스에 대한 앎은 점점 더 중요해졌지만 본질적으로는 도
덕의 절대적 요청에 종속되어 있었고, 도덕에 의한 분할을
의료규범의 형태로 되풀이했다. 섹스에 대한 학문적 담론들
은 이단적인 성적 관행에 대한 대중들의 가식을 떠받치는
왜곡과 명백한 거짓으로 꽉 차 있었다. 인간의 성적 행위
에 대한 연구와 동물과 식물의 생식에 관한 생리학적 연구
를 비교해 보면, 인간의 성에 관한 담론은 과학성이 아니라
기초적 합리성의 측면에서조차 앎의 역사에서 별도로 고찰

해야 할 만큼 빈약하다. 푸코는 이 학문적 담론들의 편견을 강조하지 않고 그 틀 안에서 섹스는 더 이상 도덕만의 문제가 아니었고, 앎(생식의 생물학과 성의 의학) 및 진실과 거짓의 문제로 취급받게 되었다고 지적한다. 요컨대 섹스가 진리의 관건으로 자리 잡았다는 것.

성의 진실에 대한 담론을 최초로 발전시킨 곳은 근대의 서양이 아니다. 이미 로마, 중국, 일본, 인도, 그리고 회교권의 아랍 문화는 모두 섹스를 앎의 대상으로 취급해 왔다. 그러나 푸코는 그 사회들은 아르스 에로티카(성애술)를 다루는 반면, 유럽은 스키엔티아 섹수알리스(성의 과학)를 다룬다는 점에서 서로 구별된다고 말한다.

아르스 에로티카에 의해 전수되는 앎은 관능적 쾌락에 관한 앎이다. 여기서의 진실은, 실천으로 간주되고 경험으로 얻어지는 쾌락 자체로부터 추출된다. 이를테면, 어떻게 쾌락이 경험될 수 있고, 어떻게 강화되거나 극대화될 수 있는지, 등에 대한 진실. 전통에 의하면, 이 앎은 누설되면 효력을 잃을 수 있으므로 비밀이 유지되어야 한다. 따라서 이 앎을 둘러싼 비법과 비밀은 노련한 스승으로부터 일정 기간의 수행을 거친 제자에게만 전달된다. 여기서는 어떤 쾌락이 허용되고 어떤 쾌락이 금지되는지에 관한 질문은 존재하지 않고, 육체의 완벽한 통제, 독특한 희열, 시간과 한계의 망각, 죽음과 죽음에 대한 두려움의 추방 등, 쾌락들

자체와 관련된 질문만 존재할 뿐이다.

반면, 스키엔티아 섹수알리스는 스승으로부터 전수된 비밀이 아니라 배우지 않은 사람에게서 끌어낸 고백을 다룬다. 푸코는 중세부터 고백이 진실을 끄집어내는 주요 관례에 포함되면서 점점 더 우리에게 중요해졌다고 단언한다. 어쨌든 누구나 고백해야 하고, 고백이 자발적이지 않거나 내면의 어떤 요청 때문에 행해지지 않을 때는 위협이나 술책을 통해 강요된다. 법에서는 범죄자의 고백을 요구하고, 문학에서는 자의식적인 고백을 즐기며, 철학에서는 점점 더 진실을 우리 자신의 의식에서 퍼낼 수 있는 어떤 것으로 간주하게 되었다.

고백은 일상생활의 모든 면에 존재하는 것이 되어버렸고, 우리는 더 이상 우리를 고백으로 내모는 권력을 제약으로 생각하지 않는다. 오히려 정반대로 고백을 진실을 찾는 하나의 방법이자 우리를 침묵시키려고 드는 억압권력으로부터 벗어나는 해방의 한 형태로 생각하게 되었다. 푸코는 우리가 '두 가지 의미에서의' 주체가 되었다고 말한다. 우리를 우리에게서 고백을 끌어내는 권력에 종속되는 신민이자, 고백을 통해 우리 자신을 생각하는 주체, 고백의 주체로 간주하게 되는 것.

　‘아르스 ars’와 ‘스키엔티아 scientia’의 구분은 기술과 과학의 구분과 유사하다. 과학은 우리가 사는 세상을 다루고, 기술은 이 세상에 대한 우리의 반응을 다룬다. 다시 말해, 과학은 인간이 존재하든 말든 어쩌면 진실일 수 있는 사실의 집합을 포함하는 반면, 기술은 정확히 경험에 대한 인간의 반응을 다룬다. 성적인 사랑, 욕망, 쾌락을 의미하는 그리스어 ‘에로스 eros’는 섹스를 관능적인 사실로 언급하고, ‘섹수알리스 sexualis’는 섹스를 추상적인 개념으로 언급한다. 따라서 ‘아르스 에로티카 ars erotica’는 인간의 현상, 즉 우리가 하는 것, 우리가 욕망하는 것, 우리가 즐기는 것으로서의 섹스에 주로 초점을 맞춘다. 한편, ‘스키엔티아 섹수알리스’는 섹스의 비인간적인 양상, 즉 우리가 동물과 거의 똑같이 탐닉하는 생식 형태로서의 섹스라는 사실을 강조한다. 전자는 개인적인 경험에서 이야기하고, 후자는 거리가 떨어진 관찰자의 관점에서 이야기하는 것.

　‘아르스 에로티카’와 ‘스키엔티아 섹수알리스’는 모두 앎의 형태이자 비밀의 전달을 다룬다. 전자의 앎은 관능적인 경험에 대한 앎, 성적인 접촉이 어떻게 느껴지느냐에 대한 앎, 이 접촉의 개인적 경험을 어떻게 강화하느냐에 대한 앎이다. 만약 이런 앎이 들어 있는 책이라면, 〈성의 즐거움

The Joy of Sex〉이나 〈카마수트라 *Kama Sutra*〉 등을 꼽을 수 있다. 과학적 앎을 닮은 후자의 앎은 관능적이라기보다는 지적이고, 개인 자신의 성적 경험이 아니라 다른 사람들의 성적 경험과 관계된 것이다.

'아르스 에로티카'의 비밀들은 주방장의 비밀 조리법과 같은 것으로, 인정받은 대가로부터 지혜를 좋은 용도로 사용하려는 헌신적인 제자에게 전수되어야 하는 지혜의 조각들이다. '아르스 에로티카'의 비밀주의는 그 신성함, 즉 높이 평가받는 가치와 밀접하게 연관되어 있다. 그러나 '스키엔티아 섹수알리스'의 비밀주의는 이것과는 거의 정반대다. 대가가 풋내기에게 전수하는 정제된 지혜가 아니라 대가가 풋내기로부터 끌어내야 하는 내밀한 속된 이야기로서, 가치가 있어서라기보다는 부끄러운 것들이기 때문에 비밀로 남아야 한다. 그것들을 끌어내는 것은 고백행위가 된다.

푸코가 근대의 유럽은 크게 고백에 의해 정의된다는 특성을 부여하면서 몇 가지 흥미로운 점이 드러난다. 특히 고백 개념을 해방으로 분석한 것과 고백이 근대적인 개념의 주체를 형성했다는 생각이 바로 그것이다. 푸코는 이미 고백이 어떻게 의사, 관료, 판사, 교육자, 부모들 등에 의해 우리에게 요구되었는지를 이야기했다. 우리는 특히 정신의학과 치료의 관점에서 이런 고백들을 자신을 해방하는 것, 자신을 치료하는 것, 혹은 자신의 어깨에서 짐을 덜어내는 것으로 간주하는 경향이 있다. 푸코는 이 고백들이 본래 우리를 해방시키는 것이 아니라 우리에게서 고백을 추출해낸 권력에 의해 그렇게 간주하도록 강요당한 것이라고 암시한다. 수많은 별개 집단들이 '당신을 위해' 고백하라고 요구하기 때문에 자동적으로 고백을 좋은 것이라고 간주한다는 것이다. 푸코는 고백이 치료요법이란 사고방식은 하나의 사실이 아니라 우리 문화가 지닌 하나의 구조라고 넌지시 암시한다.

　우리 자신에 대한 비밀을 누설하려는 충동은 크게 근대적인 개념의 예속화를 초래한다. 우리의 은밀한 생활은 조사하고 말해져야 하는 것, 그리고 앎의 대상이자 불결한 비밀이 되었다. 내가 이야기하는 '나'란 존재는 더 이상 분명하고 투명한 사물이 아니라 나 자신에게조차 수수께끼가 되고, 나의 의식을 파고들어야 발견할 수 있는 어떤 것이 된다. 푸코는 (어쩌면 조금은 성급하게도) 이 사실을 근대 철학의 경로와 동일시한다. 예를 들면, 그는 근대 철학의 근원에서 "나는 생각하고 있다. 고로 나는 존재한다"는 데카르트를 지적할지 모르고, 추상적인 형이상학보다는 우리의 인식능력 자체를 비판함으로써 철학의 새로운 길을 찾으려는 칸트의 비판철학을 지적할지 모르며, 생생한 경험과 인식의 즉시성에 초점을 맞추는 20세기의 현상학이나 존재론을 지적할지 모른다. 그러나 그의 분석은 분석철학의 심리학이 논리학으로 선회하는 것이나 주체/객체 구별을 파괴하는 실용주의자들의 시도를 설명하지 못한다. 푸코에 따르면, 고백은 우리를 고백을 이끌어내는 권력에 종속시켰고, 우리에게 주체성을 깨닫게 만들었다. 우리가 '두 가지 의미에서의 주체'가 되었다는 말은 바로 이런 의미다.

스키엔티아 섹수알리스(2)

고백에서 섹스는 특별한 주제다. 우리의 섹스 생활은 대개 숨겨진 것이고 끌어내져야 하는 비밀이기 때문이다. 이때 고백을 듣는 사람은 권위를 지닌 위치에 있으며 고백 행위는 치료적인 것으로 여겨진다. 19세기의 정신의학자들은 섹스에 대한 '고백 과학'을 창조하기 위해 낡은 사법적-종교적 전형이던 고백과 과학적 담론의 결합을 시도했다. 푸코는 고백의 관례를 과학적 규칙성의 도식 속에서 작동하게 만든 다섯 가지 방식을 열거한다. 첫째, 고백 절차를 과학적으로 수용 가능한 관찰의 영역으로 재편입시키기 위한 수단들, 즉 심문, 최면, 자유로운 관념연합 등의 임상적 체계화. 둘째, 섹스를 모든 것(심지어 폐병과 뇌졸중)의 원인과 설명으로 간주하는 인과율의 가설. 섹스에 내포된 무제한적 위험성 때문에 과학적 유형의 철저하고 정확한 고백이 요구되었다. 셋째, 성에 고유한 잠복성의 원리. 성은 모습을 숨기기 때문에 과학적 실천을 위해 강제로 끌어낼 필요가 있다. 넷째, 정신의학에서처럼 듣는 사람의 해독(解讀)을 통해서만 고백이 완결되는 고백해석 방식. 성을 해석 대상으로 만들어놓은 결과, 고백절차가 과학적 담론의 형성에 작용할 수 있는 가능성을 갖게 되었다. 다섯째, 고백을 치료활동으로 간주하는 방식. 의사들은 질병의 효과적인 진단과 치료를 위해 고백을 요구했다.

이처럼 고백의 전통은 과학적 담론과 결합해 섹스 자체보다는 섹스를 둘러싼 담론과 더 많은 관계가 있는 근대적 개념의 성을 창조했다. 한편으로는 인간 주체의 비밀스런 병을 취급하는 고백과 연결되고, 다른 한편으로는 과학과 연결되면서 결과적으로 앎과 진리와도 결합하는 것. 이렇게 조합된 두 담론을 통해 우리는 섹스를 비밀스럽고 의심스러운 것일 뿐만 아니라 우리 자신에 대한 진실을 발견할 수 있는 열쇠로 생각하게 된다.

끝부분에서 푸코는 우리의 근대적 '스키엔티아 섹수알리스'에 '아르스 에로티카'의 특성인 쾌락에 관한 똑같은 앎이 주입된 것으로 간주할 수 없을까, 라고 묻는다. 우리는 관능적 쾌락에 관한 앎보다는 분석의 쾌락, 즉 우리의 쾌락에 대해 배우는 쾌락을 발견한다. 푸코는 권력을 억압적인 것으로 간주하기보다는 우리를 위한 우리의 앎과 진실을 창조하는 힘으로 보아야 한다고 암시한다.

푸코는 니체의 영향을 많이 받았다. 특히 푸코의 후기 작업은 니체의 작품들 특히 〈도덕의 계보 *Genealogy of Morals*〉에서 배운 소위 '계보학적' 방법을 따른다. 푸코는 그의 평론 "니체, 계보학, 그리고 역사 Nietzsche, Genealogy, and History"에서 니체가 구분한 '기원'과 '계보학'을 논한다. 어떤 것이 하나의 '기원'을 가졌다는 말은, 고정된 출발점을 갖고 있는 어떤 것이 그 시점으로부터 진화하거나 계승되어 왔다는 의미가 된다는 것. 아담과 이브의 이야기는 전형적인 기원론이다. 우리는 아담과 이브를 인간 역사의 고정된 출발점으로 꼽을 수 있기 때문에 그 기원 이야기에서 인간 본성의 본질을 확인할 수 있으며, 이 기원에서 원죄 개념을 발견하고, 특별한 방식으로 우리를 창조했던 엄격한 하나님에 의해 규정된 고정적인 도덕도 발견할 수 있다.

그것에 비해 계보학은 어떤 고정된 출발점이나 사물이 존재하는 방식에 엄격한 의미를 두지 않는다. 우리가 어떤 것의 '계보'를 이야기할 때는, 똑같이 우연한 이전 상태로부터 현재의 상태로 이어진 우회적이거나 종종 우발적인 경로에 대해 이야기하는 것이다. 우리는 아담과 이브의 '기원' 이야기를 다윈식 진화의 '계보학적' 설명과 대비시킬 수 있다. 이 이론에 따르면, 인류의 고정된 출발점, 우리가 콕 찍어서 '그것이 우리의 본질적인 본성'이라고 말할 수 있는 원래 상태는 존재하지 않는다. 진화론은 우리의 혈통을 우발성과 자연선택에 의해 특징지어지는 초기 영장류에서 찾고 있다. 진화가 걸어온 길에는 의미나 목적, 쉽게 확인되는 출발점이나 인간의 본질이 존재하지 않는다.

니체는 도덕의 계보를 추적하고 옳고 그름에 대한 우리의 개념이 인간 사회의 우연한 진화에 의한 우연적인 결과임을 보여주기 위해 계보학과 기원의 구별을 이용한다. 여기서 성의 개념의 계보를 추적하기 위해 니체의 계보학적 방법을 빌린 푸코는 '성'은 결코 이 세상의 객관적인 개념을 확인해 주는 고정된 용어가 아니라 19세기에 과학적 담론과 고백의 특이한 결합의 결과로 진화된 것이라고 암시한다. 19세기 이전에는 '성'이니 뭐니 하는 말은 없었다. 이를테면, 고대 그리스인을 '동성애자'나 '양성애자'라고 부르는 것은 잘못이라는 강력한 논거가 제시되었는데, 그런 범주들은 근대 세계에서만 적절히 적용되기 때문이다.

성의 계보를 19세기의 과학과 고백의 결합까지 추적한 푸코는 성의 근대석 개념이 얼마나 짧은 것인지를 지적한다. 그가 나열하는 과학과 고백이 결합된 다섯 가지 방식은 통제되고 체계화된 고백을 끌어내는 데 초점이 맞춰진 성을 둘러싼 특별한 부류의 담론을 창조한다. 성을 과학적 연구의 대상인 '스키엔티아 섹수알리스'로 간주하는 과학 담론을 통해 우리는 성에 대해 객관적인 자료와 사실들을 모을 수 있게 되면서, 섹스는 우리가 이해하고 통제하고 이용할 수 있는 것, 앎의 대상이 된다. 고백의 담론은 성을 숨겨진 것, 비밀스러운 것, 부끄러운 것으로 생각하게 만든다. 그리고 이러한 두 가지 담론이 결합해서 성의 개념을 신비스러운 것, 우리의 내부로부터 끄집어내져야 하고 또한 앎으로 체계화할 수 있는 숨겨진 것을 형성하며, 우리 내부에 숨겨진 앎으로서의 성은 우리가 누구이고 무엇인지를 이해하는 열쇠가 된다.

푸코는 성적 욕구나 성적 행위 자체에는 우리에 대한 심오한 진실을 표현한다고 생각하게 만드는 그 어떤 것도 존재하지 않는다고 단언하고, 오히려 심오한 진실을 암시하는 것은 그런 욕구나 행위들을 둘러싸고 우리가 구축한 담론이라고 주장한다. 우리가 인간의 본성에 근본적인 것으로 여기는 성의 개념은 그 문제의 실제적인 사실들보다는 담론의 우연적인 진화와 더 많은 관계를 갖고 있다는 것. 이처럼 성에 관해서는 초기 구조주의자들 가운데 한 사람에 속하는 푸코는 성의 범주들을 인간의 우연적인 구조물들로 간주한다. 이 논쟁의 반대편에 있는 본질주의자들은 성의 범주들은 고정되어 있다며, 우리가 그 구분을 할 때는 실제로 객관적이고 과학적인 사실들을 이용한다고 주장한다. 이

논쟁은 결코 해결되지 않고 있다. 우리는 이를테면 성에 대한 담론에서 사용된 개념들이 객관적이고 보편적이라고 주장하면서도 이 담론이 역사적인 우연성에 의해 형성된다며, 푸코를 인정할 수도 있다. 어떤 방식과 맥락에서 표현된 사고들이 반드시 그 맥락 밖에서는 타당하지 않다는 것을 의미하지는 않기 때문이다.

Preface and Chapter 1
서문과 쟁점

우리는 섹스를 담론으로 말하도록 강요하고 섹스에 관한 승인된 담론을 통해 앎과 쾌락을 모두 찾으려고 희망하는 문화 속에서 살고 있다. 첫째, 우리는 섹스를, 이해하기 위해 연구해야 하는 숨겨진 어떤 것으로 간주한다. 둘째, 우리는 성을 우리의 진실한 자아를 감추고 있고 우리가 누구인지를 설명할 수 있는 어떤 것으로 간주한다. 우리의 개성과 사회적 행동을 결정하고 구조화하는 '성의 논리'를 생각하는 것. 푸코의 목적은 왜 우리가 성을 그토록 많이 강조하고, 왜 성이 진리와 우리의 개인적 해방에 대한 열쇠를 갖고 있다고 생각하는지를 결정하는 것이다.

푸코는 자신이 억압의 가설에 의문을 품은 최초의 인간이 아니라고 시인한다. 정신분석학자들은 욕망이 억압권력에 의해 창조되었으며 독자적인 힘으로 존재하지 않는다고 주장해 왔다. 다시 말해, 욕망은 개인이 원하는 것을 못하게 만드는 억압권력이 존재할 때만 존재한다는 것. 법이 욕망을 구성하고 권력이 섹스를 억압한다는 관념들을 푸코가 혼동하고 왜곡한다는 비판이 가능하다. 그 응답으로 푸코는 권력을 본질적으로 부정적인 것, 즉 우리를 제약하거나 저지하는 어떤 것으로 간주하는 권력의 '사법적-담론' 개념에 그 둘 모두(법이 욕망을 구성한다는 관념과 권력이 섹스를 억압한다는 관념)가 결합되어 있다고 단언한다. 억압의 가설과 법이 욕망을 구성한다는 정신분석학적 태도 모두의 저변에 깔려 있는 사법적-담론 개념을 비판하고자 하는 것.

푸코는 권력의 사법적-담론 개념의 다섯 가지 특징을 밝힌다. (1) 섹스와 권력 사이의 관계는 부정적인 방식으로만 확립된다. 즉 권력은 항상 섹스를 제약─거부, 배제, 차단 등─하는 어떤 것이다. (2) 권력은 섹스가 어떻게 취급되고 이해되어야 하는지를 결정하는 법처럼 작용한다. 섹스가 권력에 의해 합법과 비합법, 허용과 금지 아래 놓인다는 의미. (3) 권력은 섹스를 금지하고 억압하기 위해서만 작용한다. 권력의 목적은 섹스를 움츠러들게 만드는 것이다. (4) 권력은 섹스가 허용되어 있지 않다고 단언하고, 이야기되지 않도록 방해하고, 존재한다는 것을 부정한다. (5) 권력은 모든 층위에서 똑같은 방식으로 행사되는 것처럼 보인다.

모든 곳에 통일된 억압이 존재한다는 것.

　푸코는 권력이 항상 억압적인 것, 항상 일방적인 것, 자신이 지배하는 것이 다른 짓을 하지 못하게 막는 것밖에는 할 줄 모르는 것이 특징이라고 지적한다. 그것은 법의 형태를 띠고 복종을 요구한다. 푸코는 권력을 일방적인 압력으로 생각해야 우리에게 이익이 된다고 암시한다. 그렇게 해야 우리는 권력을 우리에게 작용하는 어떤 것으로 간주하고, 따라서 우리 자신을 이 권력과 구별되고 그것에 자유롭게 저항하는 존재로 생각하게 된다. 만약 우리가 지배뿐만 우리의 저항 속에서도 권력이 나타난다고 인정한다면 우리는 더 이상 우리 자신을 자유롭고 독립적인 존재로 생각할 수 없을 것이다.

　푸코는 권력의 사법적-담론 개념의 근원을 절대 군주들이 법률을 통해 스스로를 드러냈고 법이 권력과 동등하게 다루어졌던 중세 시대에서 찾는다. 18세기나 그 이후조차 절대 군주들이 비판을 받게 되면, 이 비판은 항상 법과 정의에 호소했다. 우리의 정치적인 사고는 권력이 정당한 법의 끊임없는 적용을 통해 스스로를 적절하게 표현한다는 생각에 의해 주로 형성되었다. 권력의 사법적-담론 개념에 대한 비판은 단순한 법보다 더 넓은 맥락에서 권력을 쳐다볼 것이다. 우리는 더 넓은 개념의 권력을 통해 성의 역사를 더 잘 알게 될 것이고, 역으로 역사를 더 잘 알게 되면 권력의 다면적인 본질을 보는 데 도움이 될 것이다.

억압의 가설은 섹스를 역사적으로 억압받아온 어떤 것으로 간주한다. 권력을 가진 사람들은 섹스를 우리가 이야기할 수 없고, 생각할 수 없고, 생식의 목적 이외에는 존재할 수 없는 것이라고 선언했다. 푸코는 이것을 '억압의' 가설이라고 부른다. 권력과 섹스의 관계를 항상 하나의 억압관계로 해석하기 때문이다. 다시 말해, 그것은 성적인 욕망을 권력과 대립시키고, 권력을 그 욕망을 억제하는 지배적인 힘으로 간주한다. 한편으로는 사고와 단어와 행위에서 표현을 찾고자 하는 성적인 충동이 존재하고, 다른 한편으로는 이런 충동들을 꼼짝 못하게 하는 억압권력이 존재하는 것. 이처럼 개인의 성적인 충동에 자유를 주는 것은 억압의 가설에 따르면, 해방의 행위로 간주되고, 억압의 가설에 대담하게 맞서는 것으로 간주된다.

욕망을 법으로 해석하는 정신분석학적 입장에 대해 푸코가 논하는 것은 이번이 처음이다. 성적인 욕망은 억압권력과는 독립적인 것이고 우리는 그 욕망을 통해 해방을 찾아야 한다는 이 태도는 억압의 가설이 펼치는 주장과는 견해가 다르다. 권력과 욕망 사이에 대립을 만들지 않는 대신,

욕망을 억압권력의 일부로 간주하는 것. 욕망은 결핍을 암시한다. 사람들은 갖지 않은 것만을 욕망한다. 만약 우리가 성적 충동을 모두 실현할 수 있다면 성적 욕망 같은 것은 존재하지 않는다. 따라서 욕망은 우리의 충동 실현을 방해하는 억압권력이 존재하기 때문에 존재한다. 이 모델에 따르면, 권력은 우리의 욕망을 억제하는 것이 아니라 직접 우리의 욕망을 창조하는 근원이다.

비록 이 두 가지 태도는 서로 대립되지만, 소위 권력의 '사법적-담론' 개념을 공유한다. 푸코는 이 태도들 각각의 어떤 양상보다는 개념을 비판하려고 든다. 결과적으로는 이 태도들이 틀렸다는 것이 아니라 빗나갔으며, 억압권력의 존재를 부인하기보다는 억압권력이 그림의 반만을 포착한다고 단언하고 싶은 것. 푸코에 따르면, 권력은 억압적일 뿐만 아니라 창조적이다. 푸코가 이 장에서 논하는 두 가지 태도의 문제점은 틀린 그림을 소지하고 있다는 사실이 아니라, 그림의 반만을 쳐다보며 전체로 착각하고 있다는 것이다.

권력의 '사법적-담론' 개념이 지닌 문제는 권력에 대한 일방적인 관점을 갖는다는 점이다. 권력을 오직 억압적인 것, 오직 부정적인 것, 오직 법을 강요하는 것으로 간주한다는 것. 이 개념에 의하면 권력은 우리에게 작용하고, 우리에게 강요하고, 외부로부터 우리를 변화시킨다. 그 자체로 우리는 우리에게 작용하는 권력에 대항하거나 독립적으로 행동하는 한도까지는 자유롭다. 예를 들어, 스탈린 치하의 러시아에서 살고 있는 어떤 사람은 어떻게 살아야 하고, 어떻게 입어야 하고, 어떻게 생각해야 하고, 어떻게 행동해야 하는가를 지시하는 정부 권력에 의해 심하게 억압받는 것이다. 이 권력들은 모두 그 사람에게 외재적인 것이고 일방적으로 작용하고 있는데, 그는 이 권력에 저항하고 자발적으로 행동할 수 있는 정도까지 자유롭다.

권력은 단순히 우리들 밖에 있는 것이 아니라 우리들 내부에도 있으며, 외부 권력에 대한 우리의 반응은 권력관계의 더 커다란 동력의 일부다. '사법적-담론' 개념은 결과적으로 모든 권력이 법의 형태를 띠고 있다고 가정한다. "이것을 해야 한다" 혹은 "저것을 하지 말아야 한다"라고 말하는 그것은 우리가 그 법에 복종하지 않으면 안 된다고 느끼는 정도만큼 효과적이며, 우리는 그것에 복종하지 않고 저항하는 정도만큼 자유롭다. 이처럼 '성 해방'은 우리의 성적 충동을 통제하는 억압권력에 저항하는 것으로 해석된다. 푸코는 사법적-담론 개념의 근원을 중세에서 찾고, 그 이래로 우리가 법과 권력을 연결해 왔다고 암시한다. 현 상태에서 이 주장은 특이하다. 확실히 유럽은 중세 이래로 법과 권력을 연결 짓는 첫 번째 사회가 아니다. 사실상 권력이 법의 형태로 시행되지 않은 문명을 생각하기는 어려운 것.

Chapter 2
방법

푸코는 "방법"이란 장에서 권력이론을 정의한다. 앞 장에서는 주체를 지배하고, 예속시키고, 혹은 복종시키기 위해 궁극적으로 행사되는 어떤 것을 권력으로 간주하는 권력의 '사법적-담론' 개념의 한계들을 비판한 바 있다. 푸코는 권력을 포괄적인 것으로 간주한다. 모든 것과 모든 사람이 권력의 근원이라는 것. 권력은 모든 관계에 존재하고, 추종, 침묵, 혹은 복종은 권력의 결핍이 아니라 권력의 다른 표현을 의미한다.

푸코는 권력에 대한 다섯 가지 제안을 개진한다. 첫째, 권력은 가질 수 있거나 가질 수 없는 '것'이 아니라 모든 지점으로부터 모든 관계들의 상호작용 속에서 행사된다. 둘째, 권력은 경제, 앎, 혹은 섹스의 관계에 단순히 외부적으로 적용되는 것이 아니라 이런 관계들의 내부에 존재하면서 내부 구조를 결정한다. 셋째, 권력은 단순히 위에서 밑으로 내려오는 것이 아니며, 모든 권력관계는 지배자/피지배자의 방식에 따라 형성되기보다는 지배권력과 독립된 사회의 모든 층위에서 갑자기 나타난다. 넷째, 비록 권력관계에서 밑그림과 전술을 확인할 수 있지만, 이런 권력을 행사하는 개별 주체들은 존재하지 않는다. 권력관계의 배후에는 합리성과 논리가 분명히 존재해도 그 관계들을 이끄는 창안자나 책임자는 존재하지 않는다. 다섯째, 권력이 있는 곳에 저항이 있지만, 그 저항은 어떤 권력관계의 일부분이지 외부적인 것은 아니다. 게다가 보통 견고하고 변함없는 형식으로 자신을 드러내지 않는 저항의 광석덩어리들은 다양한 지점에서 갑작스럽게 나타나고 역동적으로 변화하는 권력처럼 여기저기 돌아다닌다.

권력에 대한 푸코의 분석은 우리가 성을 하나의 일방적인 권력관계로 논의할 수 없다는 것을 보여준다. 그보다 우리는 섹스에 대한 담론 주변에 존재하면서 그 담론을 드러나게 하는 다양한 권력관계를 더 자세히 조사할 필요가 있다. 푸코는 자기 연구의 지침으로 사용되는 네 가지 규칙을 설정한다.

(1) 내재성의 규칙: 앎과 권력은 항상 연결되어 있는 것으로 간주해야 한다. 무관심한 앎이란 존재하지 않는다. 우리는 섹스에 대해 알고 있는 것과 섹스에 대해 배우게 된 방법이 모두 섹스에 대해 알고 싶어하는 우리의 의지를 자

극하는 권력관계에 의해 결정된다는 것을 인식해야 한다.

(2) 끊임없는 변이의 규칙: 권력은 정적인 관계에서 나타나지 않는다. 푸코가 확인하는 '변화의 모태'에서는 권력 관계의 본질이 시간에 따라 이동할 수 있다. 푸코는 어린이의 성을 예로 들고 있다. 어린이의 성에서 처음에는 어린이는 완전히 배제되고 부모와 정신의학자들 사이에서 담론이 일어났지만, 나중에는 정신과의사가 어린이를 직접 인터뷰하고, 부모들이 어린이의 장애에 궁극적인 책임이 있다고 암시하기에 이르렀다.

(3) 이중적 조절의 규칙: 권력의 모든 '국지적 중심들'은 더 넓은 전략의 일부이고, 그 전략들은 모두 권력의 국지적 중심들에 의존하지만, 어느 하나가 다른 것을 모방하지는 않는다.

(4) 담론의 전술적 다의성의 규칙: 담론은 앎을 권력에 결합하는 것이고, 권력 자체처럼 모든 다양한 방식으로 작용한다. 담론에는 지배자/피지배자라는 단순한 관계가 존재하지 않고, 침묵이 항상 억압을 의미하지는 않는다.

푸코는 권력이 법의 형태를 띠지 않고, 오히려 다양한 층위와 다양한 방향에서 작용하고 있다고 결론짓는다.

∙풀어보기

이 장은 푸코가 가장 추상적이고 이론적인 것을 다루고 있기 때문에 의미를 풀어내기가 어렵다. '권력'이란 용어는 상당히 애매하다. 우리 모두는 권력의 실체를 비전문적으로 이해하고 있는데, 푸코는 매우 전문적인 방식으로 사용하는 듯하다. 권력이 무엇이고 무엇이 아닌지는 철저히 설명하지만, 결코 그 개념이 어떻게 적용될 수 있는지는 설명하지 않는다. 푸코의 권력 개념은 이런저런 형태로 항상 존재하지만 끊임없이 변하는 날씨에 비교될 수 있다. 날씨의 변화를 일으키는 다양한 종류의 날씨 사이에는 역동적인 관계가 존재한다. 우리는 사람과 제도 사이의 다양한 관계를 다양한 종류의 날씨로 생각할 수도 있다. 이 관계들은 변화하고 시대에 따라 강조점이 이동되며, 모든 곳에서 발산되는 어떤 종류의 권력관계가 항상 존재한다.

우리는 권력에 대한 사법적-담론 개념을 오로지 비나 소나기만이 진정한 날씨라고 주장하는 사람과 비교할 수 있다. 이들은 맑은 하늘은 날씨가 부재이거나 날씨로부터 자유롭다고 말할 것이다. 비가 오면 날씨가 햇빛을 억압하고 있는 것이고, 해가 구름 사이로 내비치면 햇빛이 날씨의 억압에 제대로 저항해 스스로를 해방시켰기 때문이다. 푸코는 권력을 오직 부정적이고 억압적인 것으로 간주하는 권력의 사법적-담론 개념은 그림의 반만 보는 것이라고 대답한다. 권력은 억압적인 역할에서든 생산적인 역할에서든 항상 존재하는 것이다.

날씨에 대한 유추는 푸코가 권력에 대해 개진한 다섯 가지 제안의 서술에도 사용될 수 있다. 첫째, 권력은 우리가 가질 수 있거나 가질 수 없는 어떤 '사물'이 아니고, 날씨 역시 권력처럼 우리가 지적할 수 있는 '사물'이 아니다. 우리는 날씨의 발현으로 비나 햇빛을 지적할 수 있지만 날씨 자체는 더 추상적이다. '날씨'란 용어는 햇빛과 구름, 바람과 비 사이의 역동적인 관계를 가리킨다. 마찬가지로 권력도 어떤 사람이 타인들에게 휘두를 수 있는 '사물'이 아니라 사람과 제도 사이에 항상 존재하는 역동적 관계다.

둘째, 권력은 자신이 작용하고 있는 관계에 외재적인 것이 아니고 그 관계의 내재적인 구조를 결정한다. 날씨 역시 바람과 비에 외재적인 요소가 아니다. 우리는 날씨를 바람과 비의 '원인'이라기보다는 마치 그 순간에 바람과 비의 모습으로 나타나는 변화의 과정이라고 생각한다.

셋째, 권력은 위로부터 아래로 내려오는 것이 아니라 모든 층위에서 나타난다. 마찬가지로 날씨도 들락날락하는 주요 전선의 중요한 층위에서 단순하게 나타나지 않는다. 어떤 하나의 좁은 통로에서 날씨의 일부인 한바탕의 바람이나 따뜻한 부분들이 잠시 존재하는 것이지, 어떤 대륙의 기상도에 의해 결정될 수는 없다.

넷째, 비록 권력의 전략들이 존재하지만 그 전략들을

인도하는 개별 주체들은 존재하지 않는다. 우리 역시 날씨의 전반적인 흐름을 감지할 수 있지만, 그 흐름의 방향을 결정짓는 어떤 힘을 확인할 수는 없다.

다섯째, 저항은 억압처럼 권력관계의 일부이고 불규칙한 방식으로 모습을 드러낸다. 마찬가지로 햇빛도 비처럼 날씨의 일부이고, 어떤 특별한 장소에 머물며 움직이기를 거부하지 않고 여러 장소를 오고 간다.

푸코는 사회 내의 개인들, 개념들, 제도들 사이의 관계를 말하기 위해 주로 정치적인 맥락에서 권력의 개념을 사용한다. 권력은 본질적으로 이러한 관계들을 변하게 만드는 힘이다. 성에 대한 우리의 개념은 수많은 관계—정신과의사와 환자, 부모와 아이들, 법과 성적인 '도착들' 등의 사이—에 근거해서 구축된다. 각각의 관계들 안에는 끊임없이 이동하는 권력의 요소가 존재하며, 이 관계는 결코 직접적인 억압처럼 그리 단순하지 않다고 푸코는 주장한다. 권력 역시 이런 관계들을 둘러싼 담론을 창조하는 '생산적인' 힘이다. 성에 대한 다양한 담론을 형성하는 이 권력관계는 우리가 성에 대해 생각하는 방식을 크게 결정한다. 결과적으로 푸코의 목표는 이처럼 다양한 권력관계를 조사해서 우리가 왜 현재의 방식으로 성을 해석하는지 규정하는 것이다.

Chapter 3
영역

성은 권력에 의해 억압되거나 세심한 조사를 통해 발견해야 할 '사물'이 아니라 갖가지 다양한 권력관계를 전하는 사회적 구조물이다. 성에 대한 우리의 개념은 그것을 이용하는 전략들에 의해 구축되어 육체적 감각과 쾌락, 담론의 자극, 전문화된 앎의 형성, 그리고 정치적 통제와 저항을 모두 결합하는 그물망으로 사용된다.

푸코는 섹스에 관한 앎과 권력의 특수한 장치를 발전시킨 네 가지 전략을 밝힌다. 첫째, '여성의 육체의 히스테리화'. 여성의 육체를 우선 '성으로 가득 찬 육체'이면서 이어 의학적 앎의 대상으로 생각하게 만든다. 생식(출산)의 중심지로서의 여성의 육체는 공공의 이익과 공공의 통제 문제로도 고려하게 되었다. 둘째, '어린이 성의 교육학화'. 어린이를 '예비단계를 밟고 있는' 고도의 성적인 존재로 규정하고, 어린이들의 성을 부모와 가족, 교육자와 의사 등이 감시하고 통제해야 할 위험한 것으로 간주한다. 셋째, '생식에 관한 태도의 사회화'. 사회체 전체에 대한 부부의 책임감을 고취함으로써 생식, 결과적으로 섹스를 공적으로 중요하게 간주하고 비생산적인 섹스를 인정하지 않는다. 넷째, '도착적 쾌락의 정신의학화'. 섹스를 의학적이고 정신의학적인 현상으로 연구한 결과다. 성적 본능을 침범할 수 있는 모든 형태의 비정상에 대한 임상적 분석이 이루어졌으며 비정상(병)을 바로잡기 위한 기술체계가 탐구된 것. 위의 네 가지 전략들은 성을 억압하는 것이 아니라 산출한다. 이를테면, 성을 권력이 억압하려고 하는 일종의 자연적 여건이나 앎이 서서히 폭로하려고 하는 어두운 영역으로 이해해서는 안 된다. 성은 육체의 자극, 쾌락의 강화, 담론의 선동, 지식의 형성, 통제와 저항의 확대가 앎과 권력의 중요한 전략에 따라 서로 연쇄되는 커다란 표면적 조직망이다. 푸코는 성의 개념은 이런 담론들에 의해 형성된 것이 아니면 존재하지 않는다고 강조한다.

푸코는 소위 '인척관계의 장치'와 '성의 장치'를 구분한다. 전자는 거의 모든 문화에 존재하는 혈족체계이고, 결혼에 관해 말해지거나 말해지지 않은 수많은 규칙, 가족의 인연, 가계 등으로 구성된다. 근대 사회에서 점점 더 전자를 대체하고 있는 후자는 규제가 훨씬 적고 변화무쌍하다. 인척관계의 장치가 본질적으로 사회의 안정된 구조를 유지하기 위해 작동되는 반면, 성의 장치는 섹스와 쾌락과의 관계에서 일정 범위의 현상들을 해석할 수 있도록 통제의 영역과 형태가 끊임없이 변화하는 구조를 제공한다. 푸코는 이전에는 어떤 종류의 관계가 허용되었느냐를 강조했던 것이 어떤 종류의 감각이 허용되었느냐 쪽으로 강조점이 바뀌면서 인척관계의 장치와 단절되지 않으면서도 그 장치의 중요성을 축소시키는 데 기여한 성의 장치가 진화되었다고 주장한다.

네 가지 전략적 중심점들은 모두 가족관계를 다루고 있다. 푸코는 가족이 성을 억압하지 않고 양육한다고 결론 짓는다. 인척관계의 장치는 특히 가족관계에 초점을 맞추고 있기 때문에 인척관계의 장치와 성의 장치가 가장 많이 접촉하는 곳은 바로 가족 안이다. 푸코는 인척관계의 장치가 가족관계에 대해 얼마간의 통제를 유지하고, 결과적으로는 근친상간에 두는 금기를 통해 성의 장치도 어느 정도 통제한다고 암시한다.

푸코는 기독교가 육체의 죄를 강조하면서 가족관계에서의 성을 점차 알게 된 17세기에 성이 출현했다고 본다. 그 인척관계의 체계가 가족관계에서 나타나는 새로운(비정상적인) 성적 증대를 규제하려는 과정에서 의사, 신부, 교육자, 정신의학자들의 조언을 불러들였다. 그런데 이 같은 규제의 시도는 성에 관한 담론과 결과적으로는 성 자체의 확산을 도왔을 뿐이다. 성에 대한 담론은 인척관계의 장치에 의해 생겨난 금기들과 일련의 법을 유지하기 위해 여전히 사용되고 있다. 성은 이런 인척관계에서 생겨났지만 이제는 그 장치를 지속시키기 위해 사용되는 것.

성의 특성화는 성이 어떤 부류의 방식으로 세상에 존재하는 사물이란 인식을 공유한다. 우리의 성은 우리가 누구이고, 우리가 어떻게 생각하고, 또는 우리가 무엇에 대해 이야기하느냐와는 상관없이 여전히 현재와 유사한 형태를 취할 것이다. 우리는 우리의 성을 우리가 발견할 수 있거나 발견할 수 없는 어떤 것으로 인식하지만, 그것은 우리가 발견한 성에 의해 크게 영향을 받지는 않는다. 우리는 성을 마치 의식(意識)처럼 생각한다. 물질적인 '사물'은 아니지만, 우리 실체의 한 양상이면서 우리가 그것에 대해 이야기하는 것과는 무관하게 존재한다는 것. 푸코는 이런 성의 개념이 범주적 오류를 범하고 있다고 생각한다. 이를테면, 동사를 명사로 간수하고는 어떤 종류의 명사인지를 논하는 것과 같다. 푸코에 따르면, 성은 의식이 우리 안에 존재하는 방식처럼 존재하는 것이 아니라 어떤 종류의 담론에서 자라난 구조물이다. 이런 의미에서 그것은 기하학에서의 좌표

체계와 같다. 어떤 문제에 대해 우리가 특별한 시각을 얻도록 도와주는 하나의 체계.

특히 푸코는 성을 쾌락과 육체적 감각에 관한 수많은 관념을 앎, 담론, 정치학에 연결 짓는 다양한 면을 지닌 접점으로 간주한다. 어떤 개념들에 대한 이해는 그것들을 어떤 다른 개념들과 연결시키느냐와 많은 관계가 있다. 예를 들면, 흡연에 대한 개념은 폐암의 개념과 점차 많이 연결되어 왔기 때문에 이제는 폐암의 위험을 모르면 담배에 대해 광범위하게 생각하거나 이야기하기가 힘들다. 50년 전에는 두 개념이 전혀 연결되어 있지 않았으므로 담배는 전혀 다른 각도에서 생각되었다.

성은 하나의 개념이라기보다는 개념들을 연결하는 수단이다. 푸코가 암시하고 싶은 이야기는 예전에는 결코 자신의 성기를 가지고 노는 아이를 정신의학과 연결 짓지 않았을 것이고, 부부간의 결합 개념을 안정된 정부의 개념과 연결 짓지 않았을 것이란 점이다. 성은 이런 개념들이 모여진 수단이다. 우리 사회에서 성이 더욱 중요해진다는 것은 우리가 성을 통해 연결할 수 있는 개념들을 더 많이 발견했다는 말이 된다. 푸코는 성의 개념을 이렇게 보기 때문에 구조주의자다. 본질주의자들이 성을 묘사하는 것과는 반대로 성은 인간의 구조물이고, 우리의 담론이나 개념들과는 별개로 우리 내부에 존재하는 어떤 것이 아니라고 생각하는 것. 성의 개념 주변에 필요한 것은 아무것도 없다. 그보다는 우리가 '성'이라고 생각하는 것은 우리가 그것을 통해 중계하는 여러 종류의 개념에 크게 좌우된다.

'성의 장치'는 우리가 다양한 개념을 결합하기 위해 성을 사용하는 방식이다. 경제의 과정과 정치구조가 '인척관계의 장치'에서 더 이상 적절한 도구나 충분한 매체를 발견할 수 없게 되자 그 중요성이 상실되면서 창안해낸 장치. 모든 사회는 가족 층위에서 인척관계를 포함하고 있다. 푸코는 그 예로 재산이나 이름들이 가족들을 통해 승계되는 방식이나 다양한 가족관계들 사이에 존재하는 신분의 종류를 꼽는다. 인척관계의 장치는 섹스와 관련해서 중요하게 적용된다. 기혼자들은 혼외 섹스를 할 수 없고, 근친상간은 금기시되는 것. 이런 관습은 일반적으로 법의 형식을 띤다. 성은 인간관계들로 인해 존재하던 금기사항의 무게축이 금지된 육체적 감각의 종류 쪽으로 변화—기독교 사제와 고백 덕택—되었을 때 처음으로 등장했다. 예를 들면, 간통이 죄가 되는 것은 부부간의 결합을 위반해서가 아니라 불법적인 형태의 쾌락을 수반하기 때문이다. 초점이 인간관계들로부터 인간의 신제를 비롯해 허용될 수 있고 허용될 수 없는 쾌락과 감각의 종류 쪽으로 이동하면서 성에 대한 담론은 훨씬 더 깊은 층위에서 사회로 침투할 수 있게 되었다.

Chapter 4
시대구분

억압의 가설에 의해 암시된 것보다 복잡한 성의 역사를 추적한 푸코는 그 기원을 고백을 가톨릭 교리의 일부로 제도화했던 1215년의 라테라노 공의회에서 찾는다. 고백의 형태는 16세기와 18세기 사이에 강화되었고 그 중요성이 꾸준히 커졌으며, 18세기 말에는 성직자 제도에서 벗어나 교육학, 의학, 경제를 매개로 하여 섹스를 세속적 차원의 문제일 뿐만 아니라 국가적 차원의 문제로 만들어놓았다. 좀 더 정확히 말하면, 교육학, 의학, 인구통계학을 축으로 각각 어린이의 특수한 성, 여성에 고유한 성, 자연발생적이거나 계획적인 출산에 관심을 기울이면서 사회체 전체와 모든 개인을 감시당하는 처지로 전락시켜버린 것. 비록 세 분야가 모두 어린이, 여성, 그리고 결혼한 부부에 대한 초기 기독교의 관심에서 아주 많은 것을 물려받았지만, 이제 그들의 관심은 정신적인 행복보다는 육체적인 건강과 질병이었다. '육욕'이라는 기독교의 정신적 개념이 인간유기체의 층위로 축소된 것이다.

　19세기에는 섹스와 연관된 것으로서의 타락 개념이 생겨났다. 세대들을 통해 전달된다고 생각되었던 성적 도착들은 널리 퍼져 모든 사회를 전염시킬 수 있기 때문에 공적인 위험으로 간주되었다. 이러한 공포는 성적 도착들에 대한 의학적 치료와 우생학으로 이어졌다. 억압의 가설은 경제적 생산성을 최대화하기 위해 섹스가 억압되었다고 주장한다. 만약 이것이 사실이라면 젊은이들과 노동 계급이 가장 심하게 억압을 받아왔을 테지만, 실제로 부르주아지는 노동 계급들의 성보다는 자신들의 성에 관해 훨씬 더 신경을 곤두세워 영성지도, 자기성찰, 육욕의 죄에 대한 구상, 빈틈없이 행해지는 정욕의 탐지 등, 치밀한 기법들을 집중적으로 실행했고, 특히 여성과 어린이들에게 관심을 쏟았다. 그들의 관심사는 생산성 최대화가 아니라 자기 혈통의 순수성과 도덕성 확보였던 것. 노동 계층에서의 성의 장치는 그 이후에 일어났다.

　비록 억압의 가설에는 많은 문제가 있지만, 억압의 목적을 잘못 이해하고 있나는 섬이 가장 심각하다. 성적인 억압은 경제적인 동기 때문에 노동 계급에 시행된 것이거나 금욕주의의 한 형태가 아니라 지배층인 부르주아 계급의 자아확인이었다. 부르주아지는 자신들의 건강과 혈통을 보존하는 수단으로서 섹스를 통제하는 데 관심을 갖게 되었고, 섹스를 제거하려고 노력했던 것이 아니라 필수불가결한 것으로 여겼다. 미래 세대들의 건강뿐만 아니라 신체와 정신 모두의 건강이 건전하고 통제된 성에 달려 있다고 생각했던 것.

19세기의 성적인 억압은 부르주아지의 힘과 지배력을 증대시키기 위해 의도된 것이었다. 이전의 귀족 계급이 혈통의 개념을 가졌다면, 건강한 성의 개념을 가졌던 부르주아지는 건전한 성을 자신들의 권력과 영향력을 확대시켜줄 전체적인 건강과 장수에 연결시켰다. 부르주아지의 '혈통'은 섹스였던 것. 성의 장치는 노동 계급에게는 통제 노력을 통해서만 영향을 미쳤는데, 프롤레타리아의 건강과 생식력이 중공업의 성장과 함께 부르주아지에게 점차 중요해졌기 때문이다. 이처럼 성은 계층에 따라 다양하다고 푸코는 단언한다. 부르주아지에게는 자아확인이고, 프롤레타리아에게는 통제의 수단.

성적 억압이 생긴 이유는 부르주아지가 자신의 성과 프롤레타리아의 성을 구분할 필요가 있었고, 스스로에게 모진 통제를 가함으로써 구분했기 때문이다. 이것은 다시 이런 억압을 경감시키려고 노력했던 정신분석의 발전으로 이어졌다. 억압의 가설의 진원지인 정신분석은 성의 장치에 반작용하는 것이 아니고 성의 나선형 역사에서 또 하나의 진보일 뿐이다. 억압의 가설은 성의 역사에서 우리를 해방시키고 있는 것이 아니라 그 역사의 일부분인 것.

　이 장은 우리에게 성의 역사를 달리 보는 방식을 제공한다. 성의 역사를 근본적으로 억압의 역사가 아닌 계급지배의 역사로 보는 것. 푸코가 부르주아지의 발명품으로 해석하는 성은 부르주아 계급의 이익과 번식을 위해 발전되었다. 1장은 주로 권력의 사법적-담론 개념을 다루면서 그것을 권력의 제한된 개념이라고 주장한다. 왜냐하면 그것은 권력을 항상 외부에서 성에 대해 적용되는 억압적이고 법과 같은 것으로 간주하기 때문이다. 2장에서는 권력은 퍼지고 다면적이며, 모든 것 안에서 작용하지만 한 방향이나 하나의 계획으로 움직이지 않는다고 암시하는 푸코의 권력 이론이 펼쳐진다. 3장에서는 '성'이란 단어의 의미를 논한다. 성은 다양한 방식으로 권력과 앎을 섹스에 연결하기 위해 사용된 사회적 구조물이라는 것.

　푸코에 따르면, 성은 권력을 강조하고 중계하고 전달하는 수단이며, 권력은 사람들, 제도들, 개념들 사이의 관계를 결정하는 창조적인 힘이다. 19세기의 부르주아지는 결국 우리가 '성'이라고 생각하는 것을 발명해서 권력을 강화하고 확대하는 수단으로 이용했다. 그들은 성이 육체적·정신의학적·정신적으로 자신들의 실체를 크게 결정한다고 간주했고, 이런 성을 통제하는 것이 그들의 운명을 통제하는 수단이 되었다.

이때의 성은 억압의 가설이 암시하듯 권력의 외적인 어떤 것이라기보다는 부르주아지의 권력을 전달하고 신체와 정신에 대한 통제를 확대하기 위해 사용되는 수단이었다. 부르주아지가 행사하는 권력은 단순히 억압적이고 금지적인 것이 아니라 자신들의 번식과 생존을 확보하는 수단이다. 심지어 성적 본능이 억압되었던 경우에도 그 억압은 성적인 건강을 위해 존재했다는 것을 푸코는 보여준다. 부르주아지는 성을 무시하려고 하지 않는다. 아니, 그들에게는 성이 너무 중요한 나머지 성을 규제하고 성의 정상상태를 확보하는 것이 매우 중요해진다. 성을 건강을 조절하려는 의도가 담긴 부르주아지의 발명품으로 간주하는 것을 보면, 푸코가 그것을 사회적 구조물이라고 부르는 이유를 이해할 수 있다.

푸코가 기술하는 성의 역사는 억압의 가설이 성에 대한 정상적이고 억압적인 담론 외부에 머물면서 우리의 해방을 요구하는 어떤 것이 아니란 사실을 보여준다. 그것은 여러 세기 동안 진행되어온 똑같은 담론의 일부분이고, 오래된 가지에 난 새싹이다. 정신분석의 자연스런 생산물이고,

이어 부르주아지가 성을 점차 더 억압하면서 생긴 결과이고, 이어 노동 계급으로 확장되고 있는 성의 장치의 결과라는 것. 이러한 관점에서는 억압의 가설을 더 긴 역사에서의 또 다른 기록으로 간주할 수 있다. 우리는 성의 역사에서 얼마간 인과의 고리를 감지할 수 있으나 전면적인 계획의 의미는 없다. 노동 계급에 대한 성의 장치가 궁극적으로 억압의 가설로 이어졌는지는 결코 분명하지 않다. 그 결과는 어떤 커다란 계획의 일부라기보다는 우연의 문제가 더 컸다. 성이 부르주아지의 자아확인을 위한 초점이 되어야 한다는 개념은 그 자체가 무엇보다 기독교의 고백의 역사에 의존하는 매우 우연적인 것이다.

푸코는 결정적이면서도 우연적인 것으로 보이는 역사를 우리에게 부여한다. 거기에는 한편으로는 인간의 자유를 위한 공간이 많지 않은 것처럼 보인다. 푸코의 철학은 권력을 모든 것에 스며든다고 간주하기 때문에 성의 역사는 권력의 다양한 근원들의 상호교환으로 읽힐 수 있고, 마지막에 나오는 것은 우리가 통제할 수 없다. 다른 한편으로는 이 역사가 취하는 다양한 방향 사이에는 어떤 명확한 방향이나 심지어는 명확한 연관성도 없는 것처럼 보인다. 왜 고백이 의학에 연결되어야 하는가? 또는, 왜 중공업의 성장이 성적 억압의 강화로 연결되어야 하는가? 푸코의 역사는 어떤 궁극적인 목표나 방향을 바라보는 이야기를 허용하지 않고, 이것 다음에 저것이 나오는 우연의 연속물에 불과하다. 어떤 의미에서 우리는 이 책을 하나의 혁명적인 행위로 읽을 수 있다. 성을 사회적인 구조물로 명시함으로써 부르주아지로부터 성을 객관적인 사실로 사용하는 권력을 빼앗고 있기 때문이다. 푸코는 성의 개념을 약화시키고, 그것을 통해 부르주아 권력의 초점을 약화시키고 있다.

제5부

죽음의 권리와 생명에 대한 권력

: 요점정리

　예전에는 군주가 신민들의 생명과 죽음에 대한 권리를 갖고 있었다. '생명에 대한 권리'는 결과적으로 '죽음에 대한 권리'였다. 군주가 행사하는 권력은 단순히 누군가가 죽어야 하는지 아닌지를 결정하는 문제였고, 일반적으로는 '완화'의 형태로 행사했다. 권력에는 신민들로부터 생명, 세금, 재산, 특권, 등을 빼앗는 일이 들어 있었던 것.

　오늘날 권력은 더 이상 완화의 형태로, '죽음에 대한 권리'로 자기를 내세우지 않는다고 푸코는 암시한다. 이제 권력의 일차적 관심은 생명이고, 어떻게 생명을 보호하고 확장하고 증진시키느냐이다. 전쟁은 그 어느 때보다 처참하지만, 절대 군주의 '죽음에 대한 권리'를 위해서가 아니라 모든 사람에게 더 좋은 생활방식을 보장하기 위해 치러진다. 전쟁이 점점 더 처참해지면서 죽음의 형벌은 훨씬 줄어들었으며, 예전에는 파괴적 복수행위였던 죽음의 형벌이 사회의 위협을 제거하는 방식으로서의 안전장치로 여겨진다. 이제 권력은 죽음이 아니라 생명에 대해 배타적으로 행사되고 있으며, 생명을 양육하거나 허락하지 않기 위해 행사된다.

푸코가 '생체-권력'이라고 부르는 생명에 대한 이 새로운 권력은 크게 두 가지 형태를 띤다. 첫째, 육체의 규율. 여기서 인간의 육체는 생산적이고 경제적으로 유용한 기계로서 취급된다. 이 같은 형태의 생체-권력은 군대, 학교, 작업장에서 나타나며, 통제가 잘 되고 효과적인 대중을 만들어내려고 노력한다. 둘째, 인구의 조절. 육체의 생식능력에 초점을 맞춘 이 형태의 생체-권력은 인구통계학, 부의 분석, 이데올로기에 나타나며, 통계학적 층위에서 인구를 조절하려고 한다.

푸코는 다른 어떤 요인보다도 생체-권력을 자본주의의 발전의 불가결한 요소로 간주한다. 이때 인간의 생명이 역사와 정치기법에서 다루어지면서, 인간이라는 종(種)의 생명에 고유한 현상이 권력과 앎의 대상이 되었으며, 이해되고 규정되고 통제될 필요가 있는 어떤 것이 되었다. 법은 갈수록 더 규격처럼 작동하고 사법제도가 특히 조절기능을 갖는 기관(의료, 행정 등)의 연속체에 통합되면서 금지하고 비난하기보다는 삶의 조건을 규격화하고 최적화하는 데 더 많은 관심을 기울이게 되었다. 결과적으로 생명의 관리가 정치권력의 책무로 넘어갔다는 의미.

제5부의 첫 부분은 권력의 두 가지 적용인 '죽음에 대한 권리'와 '생명에 대한 권력'을 대비시키고 있다. 두 번째 부분은 왜 생체-권력의 등장과 함께 성이 우리에게 그토록 중요한 개념이 되었는지를 보여줄 것이다.

도덕적 판단을 제쳐둔다면, 죽음에 대한 권리와 생명에 대한 권력의 구분을 이해하기가 더 쉬울 것이다. 일단, 어느 쪽이 더 '나은지'를 가늠하려고 들기보다는 그저 서로 다르다는 것을 받아들이고 그 차이점의 의미를 강조해 보기로 하자.

일반적으로, 죽음에 대한 권리는 부정적인 종류의 권력이고, 생명에 대한 권력은 긍정적인 종류의 권력이란 말로 양자를 구별할 수 있다. 절대 군주 시대의 왕(가장 유명한 예는 프랑스의 루이 14세)은 국가의 화신으로 생각되었다. 따라서 국가에 대한 해악은 모두 은유적으로 왕에게 행해신 해악으로 간주되었고, 형벌은 결국 이 범죄자에 대한 왕(혹은 국가)의 복수로 여겨졌다. 이를테면, 절도죄로 잡힌 사람은 왕으로부터 도둑질을 한 것이기 때문에 왕은 그에 상응하는 벌을 내릴 권리를 갖는 것.

절대 군주가 행사하는 권력은 "당신은 하지 말아야 한다"라는 형식을 띤다. 시민들은 국가, 즉 왕에게 해가 될 수 있는 일을 해서는 안 되고, 만약 이런 금지사항들을 위반하면 벌을 받았으며, 특별히 어떤 일을 '하도록' 기대되지는 않았으나 그들의 자유에는 몇 가지 제약(법, 세금, 군복무, 등)이 주어졌고, 이 제약들을 제외하면 자유롭게 살 수 있었다.

절대 군주제를 대체한 부르주아 사회와 근대 자본주의 사회는 긍정적인 종류의 권력, 즉 생명에 대한 권력을 행사했다. 권력이 죽음의 위협을 통해서가 아니라 생명을 떠맡음으로써 육체에까지 미치게 된 것. 여기서의 강조점은 개인이 할 수 없는 것이나 자유에 대한 제약들이 아니라 의무 또는 자유를 어떻게 나타내야 하는지에 주어졌다. 이때는 자유의 외침들이 프랑스와 미국 혁명의 최전선에서 울려 퍼졌던 자유주의와 공화주의의 시대였다. 혁명을 통해 하나의 권력을 또 다른 형태의 권력으로 바꾼 그 만큼, 그들이 억압권력에서 해방되지는 못했다고 푸코는 암시한다. 이 혁명들은 시민들의 삶에 그다지 관심이 없는 것으로 보였던 절대주의 체제를 전복하고, 시민의 삶에 깊은 관심을 가진 체제로 대체시켰다. 따라서 이 체제에서는 사람들이 어떻게 살고, 어떻게 살아야 하는지가 공공적으로 중요한 문제가 되었다. "당신은 하지 말아야 한다"가 "당신은 해야 한다"로 대체된 것.

이 같은 비교에 대한 도덕적 판단이 문제가 되는 이유는 두 가지다. 첫째, 선과 악을 구분하기 어렵다는 점이다. 예를 들면, 부르주아 사회가 국민들의 건강과 삶에 강력한 관심을 가진 것은 잘한 일로 여겨질 수도 있겠지만, 동시에 이 '선'은 그 관심이 매우 침습적(侵襲的)이란 사실에 의해 균형을 잃는다. 개인의 사적인 삶이 대중의 관심사가 된 것.

도덕적 판단이 그토록 어려운 두 번째 이유는 푸코가 우리의 현재 모습을 형성시켜온 권력들에 대해 논하고 있기 때문이다. 우리는 그 문제에 대해 균형 잡힌 판단을 내릴 만큼 충분히 거리를 둔 관점을 갖고 있지 않기 때문에 생체-권력에 대한 찬반의 어떤 판단도 본질적으로는 지금의 삶의 방식을 찬성하거나 반대하는 판단이 될 것이다.

이런저런 형태의 권력들 사이에 확실한 단절이 존재하지 않는다는 것은 분명하고, 푸코는 단절이 존재한다고 주장하지 않는다. 게다가 권력의 형태들은 다양한 방식으로 나타난다. 예를 들면, 냉전 시대에 미국과 소련은 모두 일종의 생체-권력을 행사했다. 양국은 국민의 교육, 건강, 경제적 생산성, 생식 등에 대해 기존의 관심을 가졌지만, 자국 국민에게 무엇이 옳은가에 대해서는 매우 다른 사고방식을 가졌고, 이 삶의 방식을 아주 다르게 확보하려고 꾀했다.

그러나 푸코의 구분이 역사적으로 정확한지를 묻고 싶

을지 모르겠다. 그가 간파했듯 절대주의 시대의 부정적인 제약으로부터 자본주의 시대의 긍정적인 규정으로 강조점이 이동되었다는 것은 어쩌면 맞는 말이다. 그러나 만약 우리가 생명에 대한 권력을 시민의 삶을 통제하고 표준화하는 데 관심을 갖는 것으로 특정짓는다면, 우리시대보다 이런 일을 더 많이 했던 시대가 확실히 존재한다는 것이다. 이를테면, 고대 그리스 사람들은 시민권을 매우 심각하게 받아들여 대중적 삶과 사적인 삶을 훨씬 적게 구분했다.

:요점정리

푸코는 생체-권력의 두 가지 주요 형태가 육체의 규율과 인구조절이라고 암시했다. 섹스가 근대 세계의 관심사가 된 이유는 성이 이런 두 가지 형태의 생체-권력을 다루기 때문이다.

성이 갖는 네 가지의 주된 관심 방향은 모두 생체-권력의 두 가지 형태를 조합하고 있다. 어린이의 성과 여성의 히스테리에 대한 관심은 일종의 육체 규율 쪽을 겨냥해서 어린이와 여성의 행동을 통제하려 하고, 게다가 이 규율은 인구조절이란 이름으로 시행되고 있다. 어린이는 사회적으로 허용될 수 있는 행동을 배워야 하고, 여성의 건강은 출산과 밀접하게 연결된다. 출산의 통제와 성적 도착에 대한 관심은 인구 증가와 행동을 규제하려는 목표(인구 조절)를 갖고 있으며, 어떤 형태의 자기규율을 요구함(육체의 규율)으로써 그 일을 시행하고 있다.

　푸코는 죽음에 대한 권리와 생명에 대한 권력 사이의 전이(轉移)를 '피의 의식'에서 '섹스의 분석'으로의 전이로 특징짓는다. 이전에는 피는 권력의 상징이었다. 혈통과 피의 순수성은 아주 중요했고, 죽음에 대한 권리는 피를 흘리게 함으로써 시행되었다. 이제 권력은 성을 통해 행사된다. 성에 대한 관심을 통해 유례없는 앎, 권력, 대중 통제가 가능해진 것. 이런 전이는 결코 원활하지 않았으며, 푸코는 나치의 인종차별주의에서 어른거리는 피의 의식과 나치의 종족적인 '순수성'에 대한 요구를 동일시한다. 정신분석은 성이 혈연에 근거한 이전의 법률에서 태어난 것으로 해석한다.

　성에 대한 이 모든 이야기에서 푸코는 섹스 자체를 잊은 것일까? 성을 사회적 구조물로 묘사하면서 섹스의 단순하고 유기적이고 본능적인 사실을 무시하고 있는 것일까? 푸코는 아니라고 대답한다. 오히려 그 반대로 '섹스'는 성보다 더 사회적인 구조물이란 것. 우리가 '섹스'에 대해 이야기할 때는 신체의 일부, 신체적 기능, 혹은 육체적 감각처럼 객관적인 것이 아니라 특별한 맥락에서 이것들이 우리에게 갖는 의미에 대해 더욱 일반적으로 이야기하는 것이다. 섹스는 성의 장치를 가능케 하는 일반적인 인과원칙으로 사용되고, (그 이전에 존재하지는 않지만) 성의 장치에 의해 발명된 이상적인 지표다.

우리는 섹스와 성에 엄청난 중요성을 불어넣은 나머지 이제는 우리가 누구이고 무엇인지를 설명하는 열쇠로 간주한다. 마치 이전 세대들이 천문학과 형이상학에 기대려고 했던 것과 마찬가지다. 우리는 성의 장치에 너무 사로잡혀 '해방'의 가능성이 건강한 성에 달려 있다고 간주한다. 성이 해방의 열쇠를 쥐고 있다는 믿음이 우리에게 행해지고 있는 권력의 발현이라는 점은 역설적이다. 만약 이 권력에 저항하고 싶다면 우리는 성이 아니라 성이 전유(專有)하려고 하는 신체와 육체적 쾌락에 초점을 맞춰야 한다.

: 풀어보기

'섹스'란 무엇일까? 섹스는 성적인 교제가 아니고, 생식기관이 아니고, 성관계에서 파생되는 쾌락이 아니고, 성별이 아니고, 생식능력이 아니다. 확실히 이 모든 것은 섹스와 어떤 관계가 있다. 이를테면, 사람들은 '섹스를 할' 수 있고, '남성'과 '여성'은 두 개의 다른 '섹스'인 것. 그러나 섹스는 무엇인가? 사물일까, 그 자체일까?

푸코는 그런 것은 존재하지 않는다고 대답한다. 우리의 상상이 만들어낸 가공물이고, 우리가 여러 가지 성의 장치에 대해 말하는 것을 돕기 위해 발명해낸 단어라는 것. 성의 장치는 인간의 신체와 육체적 감각들을 교육, 인구 증가, 대중의 건강, 과학적 지식 등, 모든 종류의 인식론적이고 정치적인 고려사항과 연결하고 있다. 이 모든 것들이 공통적으로 갖고 있는 것은 무엇일까? 섹스. '섹스'란 말은 지난 3세기 동안 나타난 새로운 종류의 담론의 초석이 되었다.

몇 개의 예를 들어보자. 오늘날 사람들은 자신들의 '섹스 생활'에 대해 자주 이야기한다. 적어도 푸코에 따르면, '섹스 생활'이란 관념은 중세 시대의 사람들에게는 전혀 어울리지 않는다. 섹스가 개인생활의 일부지만, 수면 역시 그렇다. "당신의 수면생활은 어떠냐?"고 물을 사람은 아무도 없다. 성관계라는 행위는 '섹스'를 우리의 실체에 어느 정도 근본적이면서 앎과 권력의 근원으로 간주하는 더 넓은 담론의 중심 부분이 되었다. 성관계는 그저 사람들이 하는 어떤 것이었으나 이제는 고유한 전문지식을 지닌 한 영역, 즉 '섹스 생활'의 중요한 단면이다.

다른 예로 '섹시 sexy'라는 단어를 들어보자. '섹시'는 '잘생겨 보이는' 것과 전혀 다르고, 반드시 성관계와 관련이 있는 것도 아니다. 옷도 섹시할 수 있고, 자동차도 섹시할 수 있고, 이야기도 섹시할 수 있고, 시내 밤나들이도 섹시할 수 있고, 컴퓨터도 섹시할 수 있다. 어떤 사물이나 사람이 섹시하다는 것은 물질적인 매력보다는 권력과 영향력에 더 비중을 둔 말이다. 옆집 소년이나 소녀가 신비스런 면도 권력도 없기 때문에 섹시하지 않지만 잘생겨 보이거나 호감이 갈 수 있는 것이다. 반면, 특별히 잘 생겨 보이지 않아도 어느 정도의 자신감을 풍기거나 돈 많고 권력 있는 사람은 아주 섹시할 수 있다. '섹시' 개념은 '섹스' 개념처럼 성관계의 육체적 감각이 권력과 앎의 개념으로 연결될 수 있는 시대에만 존재할 수 있었다.

　이 예들은 우리가 주변 세상을 섹스에 의해 어느 정도나 이해할 수 있을지를 보여준다. 권력이 행사될 수 있는 매우 편리한 거점이 섹스였기 때문이다. 푸코는 성의 장치가 어떻게 항상 육체의 규율과 인구 조절이란 정치적 요구를 충족시켰는지 보여준다. 비록 섹스는 권력의 행사에 사용되는 단순한 구조물이지만 우리는 존재하는 '사물'로 생각하게 되었고, 이 권력이 우리 삶의 모든 면에 스며들었기 때문에 섹스를 우리들 삶의 모든 면에 스며든 어떤 것으로 생각한다. 결과적으로 우리는 섹스가 무엇인지를 알고, 섹스를 발견하고, 섹스를 해방시키고, 섹스를 즐기는 것을 무엇보다 중요하게 여긴다. 만약 우리가 진정으로 해방을 원한다면, 우리의 신체와 육체적 쾌락을 우리의 실체를 설명하는 '성'의 일부로 생각하지 말아야 한다. 그래야 우리는 성의 장치가 우리에게 갖는 지배력을 깰 수 있으며, 있는 그대로의 육체적 감각들을 평가할 수 있다.

이런 결론에는 어쩌면 약간 모순이 존재할 수 있다. 푸코는 앞에서 권력을 단순히 억압하는 것으로만 보지 않고 생산적인 것으로 특성화했고, 권력은 모든 곳에 있고 모든 것에서 온다고 말한다. 우리가 권력에 저항할 수 없는 이유는 권력 아닌 것이 없기 때문이다. 그런데 이제는 우리가 권력에 저항할 수 있고, 우리의 성 개념을 버림으로써 이 개념이 우리의 신체에 행사했던 권력에 저항할 수 있다고 말하는 것 같다. 푸코가 담론의 층위에서만 존재하는 권력에 대해 이야기하고, 성에 대한 담론을 또 다른 유형의 담론에 대해 지배적인 것으로 특성화하고 있는 것처럼 보이지만, 이 모든 담론의 하부에는 다양한 담론에 의해 주변으로 밀쳐져 침묵하는 육체가 존재한다. 자유는 육체를 해방시키는 것으로 여겨진다. 그러나 푸코는 육체가 어느 정도 권력관계의 외부 영역에 있다고 함의함으로써, 권력관계 영역의 외부에는 아무것도 존재하지 않는다는 이전의 자기주장과 모순되는 것 같다.

Review

Study Questions

다음 질문에 대해 간단히 서술하시오.(─부분은 참고만 할 것)

1. '억압의 가설'이란 무엇인가? 이것은 역사에 어떤 종류의 해석을 부여하는가? 이런 해석에 깔려 있는 선입관은 무엇인가?

   ─ '억압의 가설'은 권력과 섹스 사이의 관계가 지난 300년 동안 억압으로 표현되었다고 말한다. 다시 말해, 섹스는 원하지 않은 어떤 것, 말해져서는 안 되는 어떤 것, 즐겨서는 안 되는 어떤 것, 존재하지 않는 어떤 것으로 취급되었다. 이 가설은 억압을 부르주아지의 등장과 연결시키는데, 부르주아지는 섹스를 생산적인 쪽으로 소비되어야 할 귀중한 에너지를 낭비하는 것으로 간주했다. 억압의 가설은 섹스에 대해 더 개방적이 되고, 섹스에 대해 이야기하고, 섹스를 하고, 섹스를 즐김으로써 우리 자신을 이 억압으로부터 해방시켜야 한다고 결론짓는다. 이런 해석은 계급적 억압이라는 마르크스의 견해를 채택하는 것이고, 또한 성의 해방을 정치적 의미를 지닌 위치에 가져다놓는 아주 단순한 역사 해석을 낳는다. 더 문제가 되는 것은 이 가설이 권력을 억압적인 것으로만 간주하는 역사 해석을 낳게 하고, 성 '해방'의 요구를 억압권력의 경계 외부에 존재한다고 간주하는 것이다.

2. 푸코는 어떤 점들을 억압의 가설과 공유하고 있는가? 왜 그리고 어

떻게 억압의 가설에서 갈라지는가?

― 푸코는 억압의 가설이 지닌 폭넓은 역사적 관점에 동의한다. 그는 섹스가 근대에는 부끄러운 것으로 취급되어 왔고, 중세와 르네상스 시대에는 섹스에 대해 더 개방적이고 편안한 태도를 취했으며, 이러한 태도는 부르주아지의 등장과 함께 사라졌다는 데 동의한다. 그러나 부르주아지가 섹스에 대한 담론을 침묵시키려고 했으며, 그것이 경제적 생산성 증대 때문이었다는 주장에는 의견을 달리한다. 대신, 그는 섹스에 대한 담론이 증가했고 확산되었으며, 섹스 자체에 대한 수줍음과 결부된 이런 담론의 폭발은 섹스를 더 넓은 정치적 맥락과 연관시키는 쪽과 더 관계가 많다고 암시한다.

3. 왜 푸코는 고백을 근대 유럽의 중심적인 특징으로 간주하는가? 그는 이런 주장을 뒷받침하기 위해 어떤 증거를 사용하는가? 그는 이런 주장에 모순될 어떤 사실을 무시하고 있는가? 당신은 이런 특징화에 동의하는가?

― 푸코는 옛날에는 단순한 육욕의 죄에 대한 기독교적 고백이 우리 사회의 모든 면을 채웠다고 단언한다. 우리는 정보를 신부뿐만 아니라 관료들, 교육자들, 의사들, 부모 등에게도 누설하도록 요구받는다. 그리고 고백이 너무 일반적이 된 나머지 더 이상 우리에게서 추출되는 어떤 것이 아니라 오히려 치료적인 것이나 해방시키는 것, 심지어는 돈을 지불해야 하는 것으로 생각한다. 푸코는 고백의 융성을 근대의 주체성 개념과 연결한다. 우리는 연구의 대상, 말해질 가치가 있는 어떤 것이 되었다. 푸코는 자신의 증거에 대해 매우 선별적이다. 예를 들면, 근대 철학에서 주체로의 전환을 논하면서 반대의 조류를 따랐던 수많은 분석철학과 실용주의를 무시한다. 우리 사회에서 존재하고 있는 것과 같은 고

백이 우리 사회에 유일하다고 단언할 때는 어쩌면 사실들을 왜곡하고 있는 것 같다. 그는 초기 역사의 영웅적 서사를 강조하고 주관성보다는 행위에 초점을 맞추지만, 영웅적 기질을 따라가지 않은 수많은 문학과 시도도 무시한다.

4. 푸코의 계보학적 방법은 무엇인가? 그는 이 책에서 이것을 어떻게 이용하고 있는가? 그것의 강점과 약점은 무엇인가? 당신은 그가 끌어낸 결론에 동의하는가?

5. 권력의 '사법적-담론' 개념의 주요 특징은 무엇인가? 푸코는 이 개념에 대해 어떤 점에서 동의하지 않는가?

6. 푸코의 권력 개념의 특징은 무엇인가? 푸코는 성의 역사에 대한 억압의 가설을 뒤집기 위해 그것을 어떻게 사용하고 있는가?

7. '성의 장치'와 '인척관계의 장치'의 차이점은 무엇인가? 두 개념은 어떻게 연결되어 왔으며, 17세기 이래로 함께 어떻게 발전했는가?

8. 푸코는 성의 역사를 어떻게 해석하는가? 당신은 그것을 어떻게 평가하는가? 그것은 역사적인 사실에 들어맞는가? 그것은 역사적인 사실을 합당한 방식으로 해석하는가?

9. '생명에 대한 권력'은 무엇인가? 이것은 오늘날 권력이 나타나는 방식이라는 푸코의 생각에 동의하는가? 당신은 삶에서 그것의 영향을 느낄 수 있는가?

10. '섹스'와 '성'이 사회적 구조물이라는 말의 의미는 무엇인가? 어떤 생각이 이런 단언과 모순되는가?

다음 질문에 알맞은 답을 고르시오.

1. 억압의 가설에 의하면 성적인 억압은 몇 세기에 시작되었는가?

   A. 17세기

   B. 18세기

   C. 19세기

   D. 20세기

2. '또 다른 빅토리아인들'은 누구인가?

   A. 스티븐 마커스의 추종자들

   B. 부르주아지

   C. 창녀들, 정신의학자들, 그리고 그들의 고객들

   D. 고대 그리스인들

3. 푸코에 의하면, 성적 억압에 책임이 있는 쪽은?

   A. 가톨릭교회

   B. 부르주아지

   C. 창녀들, 정신의학자들, 그리고 그들의 고객들

   D. 고대 그리스인들

4. 섹스에 대한 다음 담론 중 18세기에 증가하지 않은 것은?

   A. 노골적인 유머

   B. 인구통계학적 분석

   C. 정신의학적 연구

   D. 형사 재판

5. 종교적 고백은 성적인 욕망을 어떻게 하려고 했는가?

    A. 금지한다.

    B. 적절한 성적 행위로 변경한다.

    C. 담론으로 변경한다.

    D. 무의식으로 추방한다.

6. 다음 효과 중 '도착적인' 성적 관행에 시행된 근대적 정밀조사에서 작용하지 않은 것은?

    A. 쾌락과 권력의 '나선'

    B. 개인의 성적인 기호를 개인의 인간성을 규정하는 것으로 간주

    C. 성의 포화

    D. 성의 억압

7. 다음 중 '스키엔티아 섹수알리스'의 예는?

    A. 〈카마 수트라〉

    B. 〈섹스의 즐거움〉

    C. 로렌스 박사의 〈채털리 부인의 사랑〉

    D. 지그문트 프로이트의 〈문명과 그 불만〉

8. 다음 중 '아르스 에로티카'의 예는?

    A. 인간의 생식체계에 대한 현상학적 연구

    B. 성생활에 흥취를 돋우는 방법에 관한 부부용 서적

    C. 어린이의 자위에 대한 사례 연구

    D. 가학–피학성 성도착자들과의 텔레비전 인터뷰

9. 다음 중 '스키엔티아 섹수알리스'를 갖고 있는 문화는?

    A. 근대 유럽

    B. 고대 로마

C. 중국의 명 왕조

D. 오스만 터키 제국

10. 다음의 철학적 질문 중 푸코가 근대 철학에서 확인한 고백적 성향을 가장 잘 반영한 것은?

A. "신이 존재합니까?"

B. "의식의 기본 단위는 무엇입니까?"

C. "나는 어떻게 세상에서 원인들을 찾을 수 있습니까?"

D. "세상은 시작과 끝이 있습니까?"

11. 다음 중 성에 대한 '고백적 과학'의 특성이 아닌 것은?

A. 고백을 끌어내는 규정화된 방식

B. 성을 끌어내져야만 하는 우리 내부의 잠재적인 어떤 것으로 간주하기

C. 성적 쾌락을 극대화하고 강화하는 방법에 대한 집중

D. 청자/관찰자의 해석적 역할에 대한 강조

12. 다음 중 우리의 성개념에 대한 푸코의 계보학의 일부가 아닌 것은?

A. 기독교의 고백 전통

B. 과학적 담론

C. '도착적인' 혼외 성적 관행의 매력

D. 식물과 동물의 생식에 대한 생물학적 연구

13. 다음 중 권력의 '사법적-담론' 개념의 특징이 아닌 것은?

A. 섹스와 권력 사이에 부정적인 관계를 설정한다.

B. 권력을 억압적이면서 창조적인 것으로 간주한다.

C. 권력이 모든 층위에서 똑같은 방식으로 작용한다고 간주한다.

D. 권력이 항상 법률의 형태로 작용한다고 해석한다.

14. 푸코가 권력의 '사법적-담론' 개념의 기원을 확인하는 곳은?

A. 고대 로마

B. 중세 시대

C. 18세기

D. 19세기

15. 권력의 '사법적-담론' 개념을 매력적으로 만드는 것은?

A. 다른 어떤 경쟁 개념보다 더 정확하게 넓은 영역의 현상들을 설명한다.

B. 우리가 권력과 무관하다고 간주하기 때문에 자유의 여지를 더 많이 준다.

C. 우리가 권력과 밀접하다고 간주하기 때문에 자유의 여지를 더 많이 준다.

D. '사법적-담론' 개념에는 매력적인 것이 없다.

16. 다음 중 푸코의 권력 개념에 대해 맞지 않는 설명은?

A. 권력은 모든 곳에서 퍼져 나온다.

B. 권력은 억압적이면서도 그만큼 생산적이다.

C. 권력의 메커니즘에 대한 전체적인 전략이 존재한다.

D. 권력자들이 권력관계의 모양을 결정한다.

17. 다음 중 푸코가 말한 네 가지 방법론적 지침에 속하지 않는 것은?

A. 내재 규칙

B. 끊임없는 변이 규칙

C. 상-하 순서의 규칙

D. 이중 조건의 규칙

18. 다음 중 성에 대한 담론의 주요한 중심장소가 아닌 것은?

A. 여성과 히스테리

B. 섹스를 가장 잘 즐기는 방법

C. 정신의학과 도착적인 쾌락

D. 어린이의 성

19. 성에 대한 집중의 중요 중심지는?

A. 가족

B. 학급

C. 정신의학자의 소파

D. 정신병 요양원

20. 다음 중 '인척관계의 장치'의 특징은?

A. 엄청난 다양성

B. 옳은 것과 그른 것에 대한 엄격한 규칙

C. 수많은 종류의 담론으로 배분

D. 앎에의 강력한 의지

21. 교회는 몇 세기에 최초로 집회에서 고백을 요구하는가?

A. 13세기

B. 16세기

C. 18세기

D. 19세기

22. 다음 중 가장 먼저 일어난 일은?

A. 억압의 가설의 형성

B. 성의 장치가 노동 계급으로

C. 성의 장치가 부르주아 계급으로

D. 정신분석학의 탄생

23. 다음 중 '생명에 대한 권력'의 특징은?

A. 죽음의 형벌

B. 대중 교육

C. 왕을 위해 벌이는 전쟁

D. 대중들의 삶에 대한 관심 결여

정답 |

1. B   2. C   3. B   4. A   5. C   6. D   7. D   8. B   9. A   10. B

11. C   12. D   13. B   14. B   15. B   16. D   17. C   18. B   19. A   20. B

21. A   22. C   23. B

一以貫之

논술
노트

성(性)스러운 역사   ○

실전 연습문제   ○

一以貫之는 '논어'에 나오는 말로 '모든 것을 하나의 이치로 꿴다'는 뜻입니다.

논술의 주제와 문제 유형, 제시문들은 참으로 다양하고 가지각색입니다. 그러나 그 모든 것을 하나로 꿸 수 있습니다. '인간사회의 보편적 문세늘에 대한 근원적인 물음에 답하는 자기 나름의 견해'라는 것이지요. 논술은 인간이면 누구나 부닥치는 개인적 또는 사회적 문제들에 대한 자기 나름의 고민이자 성찰입니다. 논술은 자기견해, 자기 가치관, 자기 삶에 대한 솔직한 고백입니다.

一以貫之 논술연구모임은 '자신의 물음'과 '자신의 생각'을 갖고 '자신의 글'을 쓸 수 있도록 도와줍니다.

〈집필진〉
김법성, 김재년, 이호곤, 우한기, 박규현, 김병학, 도승활, 백일, 우효기, 조형진

성(性)스러운 역사

– 인간의 안과 밖을 탐구하는 구도자,

　미셸 푸코 만나기

1. 섹스

　　한때 인기를 끌었던 〈커피프린스 1호점〉이란 드라마가 있습니다. 여기에 남장 여자가 나옵니다. 주인공은 은근히 남장 여자에게 끌립니다. 그리고 급기야는 좋아하게 되고 사랑에 빠집니다. 그는 자신의 심리상태를 이해하지 못합니다. 그래서 고민하고 좌절하고 자신에게 화를 내기도 하지요. 그런데도 그는 결국 남장 여자에게 고백합니다. "니가 남자건, 외계인이건 상관없어… 가보자, 갈 때까지…"

　　이 말을 하는 남자 주인공의 심리상태를 꼼꼼히 분석해 본다면 우리는 미셸 푸코의 문제의식과 만날 수 있습니다. 동성을 사귀게 되면서 주인공이 느끼는 감정, 나는 정상일까? 내가 이상한 건 아닐까? 병은 아닐까? 정말 나는 변태

일까? 이런 질문들을 푸코 또한 자기 자신에게 했을 것입니다. 동성애자였던 푸코는 스스로에게 질문을 던집니다. 내가 정말 비정상일까? 이 질문에 답하기 위해 그는 오늘날의 성, 즉 섹스에 대한 담론이 어떻게 변해 왔는지를 탐구하고, 그것을 통해 우리가 생각하는 성에 대한 사고방식이 어떻게 만들어졌고 어떤 효과를 가지고 있는지 보여줍니다.

조금 더 보충해서 설명하자면, 푸코는 오늘날 우리가 생각하는 성에 대한 많은 생각들, 예를 들어보지요. 남성, 여성, 남성다움, 여성다움, 어린이 · 청소년의 성 등에 대한 관념이 사회적 조건 속에서 만들어진 것이라고 생각합니다. 여기서 주의하셔야 할 점은 그렇다고 푸코가 타고난 성차를 인정하지 않는 것은 아닙니다. 다만, 생물학적 성의 차이에 대해서는 거의 관심을 갖지 않는 것이지요. 왜냐하면 생물학적 성에 상관없이 성은 이미 사회적 담론 속에 있기 때문입니다. 자신의 생물학적 성이 어떤 것이냐보다 사회가 자신의 성을 어떻게 파악 · 분류하고 있으며 그에 따른 성 역할을 어떻게 강조 · 강요하고 있느냐가 더 중요하다는 것입니다.

더군다나 개인의 입장에서는 사회가 규정해 놓은 성을 떠나서는 살 수 없습니다. 즉 성은 이미 내가 태어나기 전부터 사회에서 구조화되어 나에게 강요되고 있다는 겁니다. 그런 점에서 중요한 것은 성 그 자체가 아니라 성에 대한 담론이라는 것이죠. 따라서 푸코가 생물학적 성에 대해 관심을 갖는다고 하더라도 그것은 철저하게 성에 대한 담론의 관점에서입니다. 그렇게 보면 푸코의 문제의식이 조금 선명해집니다. 왜 우리 사회는 이러한 성 담론을 가지게 되었을까? 우리는 어떤 성을 강요받고 있는가? 세상에는 정말 남성과 여성만 있는가? 이성애 이외의 사랑은 비정상인가? 우리는 왜 이성애를 정상, 동성애를 비정상으로 생각하게 되었을까? 이러한 질문이 나오게 됩니다.

2. 성의 장치

앞에서 언급한 〈커피프린스〉의 남자 주인공 심리를 들여다 봅시다. 그는 남자입니다. 그럼에도 남자를 좋아합니다. 아마 푸코는 그 남자의 심리상태를 분석하면서 이런 말을 할 것 같습니다. 아마 넌 이성애가 정상이라고 생각하겠지. 그게 당연해. 너는 이성애가 정상이라고 여겨지는 사회 속에서 자랐으니까! 하지만 시대나 지역에 따라 성에 대한 관념은 많이 달라. 즉 네가 남자이기 때문에 여자를 좋아해야만 하는 것은 아니거든. 지금 네가 갈등하는 이유는 네가 태어나기 전부터 이성애를 정상인 것으로 동성애를 비정상인 것으로 생각하도록 세뇌되었기 때문이야. 마치 네 머리에 누군가가 프로그램을 해놓은 것과 같다는 거지. 그러면 누가 그런 세뇌를 했을까? 그리고 어떻게 그런 세뇌가 가능했을까? 그리고 사람들은 그런 세뇌를 당하고도 왜 가만히 있을까?

푸코는 친절하게도 성의 장치를 통해 우리가 세뇌되었다고 답변합니다. 말 그대로 성을 성이게끔 만드는 이 장치는 영어로 테크놀로지인데, 적절한 작동을 통해 섹스를 만들어냅니다. 이것은 기계와 같습니다. 컨베이어벨트의 라인에 일정한 물건들이 놓이고 적절한 장치들을 통과하면 하나의 제품이 나오듯, 이 장치를 통과하면 성적인 인간이 만들어져서 나옵니다. 그런 점에서 푸코는 성의 장치를 은유적인 의미로 사용하지 않습니다. 이것은 실제로 성적인 인간을 만들어내는 장치이고 기술입니다.

예를 들어봅시다. 학교에서 남자와 여자의 역할을 강조할 때, 회사에서 여직원과 남직원의 차이를 강조할 때, 남자는 힘이 세고 여자는 약하다고 할 때, 아버지 어머니의 역할이 강조될 때, 이미 성의 장치가 거기에서 작동하고 있는 것이죠. 가정, 학교, 사회, 군대, 감옥 등에서 철저하게 성에 따른 역할과 행동 양식이 구분되어 있습니다. 우리는 부지불식간에 이것을 당연하게 받아들입니다. 성차는 바로 이 지점에서 발생합니다. 사실, 우리 사회의 도처에서 성의 장치가 작동하고 있는 것이죠. 그런데 사회가 아주 미세한 부분까지 성에 대해 고려하기 시작한 것은 바로 근대에 들어서면서부터입니다. 15, 16세기 성당의 고해실, 수도원 등에서 작동되던 성의 장치가 17, 18세기에 들어 사회의 기본 단위로 가치를 부여받은 가족에서 작동되기 시작하고, 점차 교육, 과학, 의학 등으로 확산됩니다. 그러나 푸코는 성의 장치가 서민층에는 오랫동안 작동되지 않았다고 말합니다. 왜냐하면 성의 장치가 필요했던 것은 사회적 지도층이었기 때문입니다.

성의 장치가 이른바 전통적 '지도층'에 의해 자리를 잡은 것은 다른 사람들의 쾌락을 제한하는 원리로서가 아닌 듯하다. 오히려 지도층은 자기 계급을 대상으로 성의 장치를 시험한 것으로 보인다. 성의 장치는 종교개혁, 새로운 노동윤리, 자본주의의 비약적 발전에 관해 그토록 자주 서술된 부르주아 금욕주의의 새로운 변형일까? 분명히 성의 장치는 금욕주의, 어쨌든 쾌락의 포기나 육욕의 평가하락이 아니라 반대로 육체의 강화, 건강과 건강의 작용 조건을 문제로 의식하는 경향인 것으로 보인다. 성의 장치는 생명을 최대화하기 위한 새로운 기법들로서, 피착취 계급의 섹스에 대한 억압의 문제라기보다는 오히려 '지배' 계급의 육체, 활기, 수명, 자손, 가계의 문제였다. 성의 장치가 처음으로 쾌락, 담론, 진실, 권력의 새로운 장치로서 확립된 것은 바로 지배 계급에서였다.(이하 본문은 〈성의 역사〉 이규현 역 나남 출판사 참고)

　　18세기부터 부르주아지는 '계급적' 육체를 구성하는 데 몰두합니다. 그들은 이전 세대의 지배 계층인 귀족이 아닙니다. 귀족은 혈통에 따른 인척관계를 통해 자신의 신성함을 유지했습니다. 그러나 부르주아지는 자신을 드러내는 혈통의 선명함이 없죠. 그래서 선택한 것이 성의 장치라고 푸코는 말합니다. 부르주아지는 자기 계급의 차이와 패권을 확보하기 위해 체력, 활력, 건강, 생명에 관심을 기울이고 끊임없이 건강한 육체를 확인하려 듭니다. 그 결과, 18세기 말에 육체의 건강법, 장수의 비법, 건강한 자녀를 낳고 죽지 않게 기르는 법 등에 관한 책이 엄청나게 출판됩니다. 부르주아지는 바로 성의 장치를 통해 자신들 계급의 동일성과 다른 계급과의 차이를 확보합니다. 그러면, 성의 장치가 구체적으로 어떻게 작동했는지 학교의 사례를 들어 살펴봅시다.

　　18세기의 중등학교를 예로 들어보자. 전체적으로는 거기에서 섹스가 실질적으로 이야기되지 않는다고 느낄지 모른다. 그러나 건축물의 장치, 징계의 규칙, 내부의 조직 전체를 일별하는 것으로 충분하다. 즉, 그곳에는 섹스의 문제가 끊임없이 존재한다. 건축가들은 섹스를 명백하게 고려했다. 조직자들은 끊임없이 섹스를 고려해 넣었다. 조금이라도 권한이 있는 사람은 모두 영속적 경계의 상태에 놓이는데, 이러한 상태는 조정, 예방조치, 처벌과 책임의 상호작용에 의해 부단히 재개된다. 교실의 공간, 책상의 형태, 운동장의 시설, 공동 침실의 장치, 취침과 수면의 감시를 위해 마련된 규정, 이 모든 것을 마련하는 데에는 어린이의 성이 가장 많이 고려된다.

그리고 친절하게도 푸코는 각주를 달아 "중등학교 관리규정"(1809)을 보여줍니다.

제67조: 수업 및 학습 시간에는 용변을 위해 자리를 비운 학생들이 밖에서 모이는 일이 없도록 밖을 감시하는 교사가 한 사람 있어야 한다.
제68조: 저녁 기도 후 학생들이 침실로 인도되면, 교사는 즉시 취침시켜야 한다.
제69조: 교사는 학생들이 제각기 자신의 침대에 있는 것을 확인한 다음 취침해야 한다.
제70조: 침대는 높이 2미터의 칸막이에 의해 격리되어야 한다. 침실은 밤 동안 소등하지 않는다.

섹스에 대한 말이 직접적으로 나오지 않은 것뿐이지 부르주아 계급 전반에 걸쳐 섹스가 철저하게 고려되었다는 것이 푸코의 생각입니다. 그러나 이러한 상황은 프롤레타리아의 상황과는 대조적입니다. 당시에 부르주아지에게 작동되던 성의 장치는 프롤레타리아에게서는 아직 작동하지 않았던 것이죠. 푸코는 19세기 전반기에 프롤레타리아에게 강요된 생활조건은 프롤레타리아의 육체와 섹스가 결코 배려되지 않았다고 말합니다.

그런 사람들이 사느냐 죽느냐는 거의 중요하지 않았고, 어쨌든 그 놈들은 저절로 번식했다. 프롤레타리아가 육체와 성을 부여받기 위해서는, 달리 말하자면 프롤레타리아의 건강, 성, 생식이 문제를 일으키기 위해서는 갈등(특히 도시 공간에 관한 갈등, 가령 공동생활, 밀집된 주거환경, 오염, 1832년의 콜레라 같은 전염병, 또는 매춘과 성병)이 필요했고, 경제적으로 긴급한 것(유능하고 안정된 노동력을 필요로 하는 중공업의 발달, 인구의 흐름을 통제하고 인구통계학적 조절에 성공해야 할 의무)이 필요했으며, 끝으로 그들이 마침내 인정받는 그러한 육체와 성을 계속 감시할 수 있게 해주는 온전한 통제 기술체계의 정립이 필요했다.(학교, 주거정채, 공중보건, 구제와 보험을 위한 제도, 주민 전체를 위한 의료시설의 보급, 요컨대 전문적 행정기구 전체는 피착취 계급이 성의 장치를 위험 없이 도입할 수 있게 해주었다. 그러한 기구는 더 이상 부르주아지에 맞선 계급 확인의 역할을 수행할 우려가 전혀 없었으며, 계속해서 부르주아지의 패권 장악을 위한 수단이었다.)

즉 자본주의 초기에는 결코 성의 장치가 모든 사람에게 작동된 것이 아닙니다. 부르주아지는 근대 사회의 새로운 지도층으로서 생명을 관리하고 유지하는 신성한 역할을 떠맡으면서 자신의 권력을 신성화하기 시작합니다. 이것이 프롤레타리아에게 작동되기 시작했던 것도 철저하게 그들의 필요에 의해서입니다. 산업이 발달하면서 부르주아지는 자신들에게 작동시키던 성의 장치를 프롤레타리아에게 강제하기 시작합니다. 성의 장치가 예속화의 목적으로 강요되자마자 프롤레타리아는 오랫동안 '성'을 받아들이려고 하지 않습니다. 그럼에도 불구하고 부르주아지는 도처에서 성의 장치를 작동시켜 프롤레타리아를 성의 장치에 포섭시킵니다. 그래서 푸코는 노골적으로 이야기합니다. 성은 원래 역사적으로 부르주아적인 것이라고.

3. 권력

다시 〈커피프린스〉의 남자 주인공이 지닌 심리상태로 들어가 봅시다. 이제 푸코는 그에게 이렇게 말할 겁니다. 너는 부르주아지가 만든 성의 장치에 의해 세뇌된 거야. 이제 알겠지! 그러자 남자 주인공이 푸코에게 질문을 던집니다. 도대체 날 왜 이렇게 세뇌시킨 거니? 나를 이렇게 만드는

게 무슨 소용이 있는 거냐구? 아마 이쯤에서 푸코는 자신의 권력이론에 대한 이야기를 할 것 같습니다. 왜냐하면 성의 장치를 작동시키는 것은 부르주아지이기 때문입니다. 따라서 성의 장치를 매개로 하는 부르주아 권력이 어떤 특징이 있으며, 이전과 어떻게 다르고, 어떤 방식으로 작동하는지 살펴볼 필요가 있겠지요.

'권력'이란 낱말은 여러 가지 오해를 불러일으킬 우려가 있다. 동일성, 형태, 통일성과 관련되는 여러 가지 오해. '권력'으로 나는 어느 특정한 국가에서 시민의 복종을 보증하는 제도와 기구 전체로서의 '정권'을 말하려는 것이 아니다. 나는 권력을 예속화 방식으로 이해하지도 않는데, 예속화 방식은 폭력과는 대립적으로 규칙의 형태를 취할 것이다. 끝으로 나는 하나의 구성요소 또는 집단이 또 다른 구성요소나 집단에 부과하고 효과가 연속적으로 파생되어 사회체 전체에 스며들 일반적 지배체제의 의미로 '권력'이란 말을 하는 것도 아니다.

푸코는 권력을 우리가 알고 있는 일반적인 의미로 사용하고 있지 않습니다. 우리는 흔히 권력을 금지 혹은 금기, 또는 그러한 것을 가능케 하는 힘, 배타적 지배권 등으로 생각합니다. 예를 들면, 정치권력, 통치권, 사법권, 입법권, 인권, 노동권, 등이죠. 그러나 푸코는 이러한 권력은 '어떤 것도 산출할 수 없는 상태에서 제한을 가하는 데만 적합할 뿐이어서 본질적으로 반(反)에너지일 것'이라고 말합니다. 이를테면, 성에너지가 있다면 권력은 스스로는 어떤 에너지도 산출하지 못하면서 성에너지에 기생해서 작용한다는 것입니다. 그런데 푸코는 권력을 이런 식으로 설명하게 되면 문제가 발생한다고 생각합니다. 권력이 부정과 금지로서만 작용한다면 도대체 금지로써 작동하는 권력은 어디에서 생긴 것이고, 이러한 금지로써 작동하는 권력에 저항하는 권력은 어디에서 생긴 것인지 설명할 수 없기 때문입니다. 즉, 권력을 누군가가 가지고 있는 강제적 힘, 배타적 힘이라고 정의해 버리면 다른 누군가는 그 힘을 가질 수 없겠지요. 또한 권력을 가진 자에게 저항할 수 있는 힘조차 가질 수 없습니다. 그래서 푸코는 권력을 배타적인 힘이라고 정의해 버리면 부조리한 권력에 대한 저항이나 거부는 원천적으로 불가능한 것이 된다고 생각하고, 새로운 정의를 내립니다.

  권력의 편재. 이것은 권력이 모든 것을 결코 무너지지 않을 통일성 아래 통합할 특권을 지닐 것이기 때문이 아니라, 매 순간 모든 상황에서, 더 정확히 말하자면 어느 한 지점에 대한 다른 한 지점의 모든 관계에서 권력이 산출되기 때문이다. 권력은 도처에 있는데, 이는 권력이 모든 것을 포괄하기 때문이 아니라 권력이 도처에서 발생하기 때문이다.

　　인간은 수많은 관계를 맺습니다. 푸코는 사람과 사람, 사람과 사물이 맺는 모든 관계를 기본적으로 권력관계로 봅니다. 그것이 수직적 관계든 수평적 관계든 힘의 관계이고 권력의 관계라는 것이지요. 예를 들어, 사람과 휴대폰의 관계를 들어봅시다. 내 휴대폰은 내 마음대로 할 수 있습니다. 그러나 내가 갖고 싶은 휴대폰이 있다면 그 휴대폰은 오히려 나에게 힘을 행사합니다. 눈만 감아도 휴대폰이 떠오르지요. 사람과 관계 맺는 자동차, 책, 컴퓨터 사이에서 권력관계는 수시로 변하고 달라집니다. 사람과 사람 사이의 관계에서도 마찬가집니다. 부모님과 나, 남편과 아내, 직장 상사와 부하 직원 사이에서도 권력은 항상 일방적인 모습을 띠지 않습니다. 때로는 부하 직원의 말이 더 먹힐 때도 있고, 때로는 자식의 힘이 부모보다 더 강할 때도 있습니다. 그런 점에서 권력은 시도 때도 없이 변하고 우리에게 예상치 못한 뭔가가 불쑥불쑥 생기게 만듭니다.

　　푸코는 권력을 생산적인 것으로도 봅니다. 뭔가를 끊임없이 만들어내는 힘이고 에너지라는 거죠. 그런 점에서는 권력을 긍정적인 것으로 봅니다. 권력은 여기저기서 생산되고 만들어집니다. 예를 들어, 국가권력이라고 합시다. 국가권력은 누군가가 명시적으로 가지고 있는 것이 아니라 여기저기서 만들어진 권력들이 구조화되어 있는 것이라고 생각하면 됩니다. 국가권력이 오늘날과 같은 형태를 띠기 위해서는 적절한 입법체계와 행정체계, 그리고 그것을 지탱시킬 사법체계를 갖춰야 합니다. 이러한 체계들 역시 각종 하위 기구들, 즉 경찰, 군대, 의료, 법조문, 국회, 선거, 정부의 각 부처 등 수많은 세부적인 장치들이 필요합니다. 푸코는 성의 장치 또한 이러한 장치들 중 하나라고 생각합니다.

그런데 이러한 장치 속을 들여다보면 각각의 장치가 작동되는 방식들이 따로 있습니다. 즉 나름의 힘의 관계와 권력관계들이 미시적 그물망을 이루고 있다는 것이지요. 푸코는 어느 날 갑자기 국가권력이 이러한 장치들을 구조화했다고 보지 않고 각각의 세부적인 장치들을 하나씩 포섭한 것으로 봅니다. 물론, 이것은 드러내 놓고 진행되는 것이 아니라 은밀하게 이루어집니다. 그러니까 푸코의 의도는 이런 겁니다. 권력은 원래 여기저기서 생겨난다. 그런데 지배적 권력은 생산되는 권력들을 포섭해서 자신의 지배권을 강화하는 데 이용한다. 그렇게 본다면, 푸코의 문제의식은 분명합니다. 여기저기서 권력이 생산되고 만들어지는데 왜 하필이면 내가 너의 권력에 따르고 복종해야 하느냐? 난 내가 더 옳다고 생각하는데, 넌 왜 나에게 너의 권력을 강제하느냐!!

따라서 푸코는 권력을 관계의 내부에 있지 외부에 있다고 보지 않습니다. 거대한 외부 권력이더라도 실질적으로는 내부 관계의 세밀한 미세 권력들에 의해 작동한다는 것

입니다. 설령, 거대한 외부 권력의 작동으로 보여도 실제로
는 하나하나 꼼꼼히 미시적으로 작동하고, 거대한 외부 권
력처럼 보여도 지배적 권력이 미시 권력이나 자신의 의도
를 숨기기 위한 전술이라고 생각하는 거죠. 따라서 조직을
구성하는 다수의 세력관계, 투쟁과 대결을 통해 그러한 관
계를 변화시키고 강화해 나가는 것, 또한 그러한 세력을 형
성케 하고 반대로 그 세력을 분리시키거나 파괴하는 것 역
시 권력이라고 말합니다. 그것이 국가나 법의 이름으로 행
해지더라도 무조건적인 힘으로 강제되는 것이 아니라 개별
적 세력관계에서 다양한 전략과 전술로서 작동한다는 거죠.
그렇다면 권력은 다양한 전략과 전술로 그 모습을 항상 변
화시킬 것입니다. 학생들이 부모님께 용돈을 얻어내려고 다
양한 전략과 전술을 쓰듯, 지배적 권력은 그 권력을 유지하
기 위해 다양한 전략과 전술을 씁니다. 그래서 푸코는 지배
적 권력의 전략과 전술이 어떻게 변해 왔는지 살펴봅니다.

그는 고전주의 시대의 군주의 권력에 대해 검토합니다.
군주의 권력을 특징짓는 것은 바로 생살여탈권(生殺與奪權)
입니다. 생살여탈권은 로마의 가부장이 가졌던 권리로 목숨
을 마음대로 처분할 수 있는 권리의 연장선에 있는 권력입
니다. 그러나 무조건 행사되는 것이 아니라 군주의 생존 자
체가 위태로울 경우에만 군주로부터 신민(臣民)에게 행사
되었습니다. 일종의 군주 보호장치란 것이지요. 이러한 군

주의 권리는 죽음에 의해서만 생명에 대한 권력을 발휘합니다. 그저 죽게 '하거나' 아니면 살게 '내버려둘' 권리라는 것이죠. 이러한 권리는 세금 징수, 신민의 생산물, 재산, 봉사, 노동 등에 대한 착취권으로 행사됩니다. 신민이 여기에 동의하지 않으면 그냥 죽입니다. 만약 죽이지 않고 계몽시키거나 개화시키려고 든다면 어떤 상황이 벌어질까요? 바로 힘없고, 나약하고, 통치를 제대로 못하는 군주로 낙인찍혀 버립니다. 우리는 군주의 생살여탈권을 무지막지한 권력이라고 생각하기 쉬운데, 반대로 신민들에게는 신성한 권력의 모습으로 보였습니다. 따라서 신민이 세금을 내지 않거나 기타 군주에 대항하거나 잘못을 저질러서 죽게 되더라도 백성들은 처형당하는 사람을 보면서 군주의 신성한 권리를 확인하게 되고, 군주 또한 저항하는 자를 죽여 버림으로써 권력의 신성함을 유지합니다. 그러나 이러한 메커니즘은 근대에 들어 '생체-권력'으로 바뀝니다.

생체-권력은 틀림없이 자본주의 발전에 불가결한 요소였을 것이고, 자본주의의 발전은 육체가 통제되어 생산체제로 편입되는 것을 대가로 치름으로써만, 인구현상이 경제과정에 맞추어지는 것을 조건으로 해서만 보장될 수 있었을 뿐이다. 그러나 자본주의의 발전은 더 많은 것을 요구했고, 육체와 인구의 증가, 육체와 인구의 활용 가능성 및 순응성과 동시에 육체와 인구의 증강,

또한 체력과 적성과 생명 일반을 최대로 이용할 수 있으면서도 그것들을 더 예속시키기 어렵게 만들지 않을 권력의 방법을 필요로 했다.

푸코의 분석은 권력이 생살여탈권에서 생체-권력으로 바뀔 때, 사회적 조건으로 자본주의가 그것을 필요로 하고 있다고 말합니다. 자본주의가 요구하는 순종적 신체, 생산 도구로서의 육체, 그러면서도 예속되어 있다고 느끼지 않는 정신, 이것을 가능케 하기 위해 권력은 생명을 매개로 해서 생명과 관계된 모든 지식을 탐구하고 습득합니다. 이것은 권력의 철저한 전략입니다.

권력의 성공은 권력 메커니즘들 중에서 은폐되기에 이르는 것과 비례한다. 권력이 전적으로 뻔뻔스럽다면 받아들여질 수 있을까? 권력의 영역에서 비밀은 아무리 많더라도 지나치지 않을 뿐더러, 권력의 작동에 불가결하기조차 하다. 그것도 권력에 복종하는 사람들에게 권력이 비밀을 강요하기 때문일 뿐만 아니라, 어쩌면 비밀이 그들에게도 불가결하기 때문일 것이다.

권력은 은밀하게 작동합니다. 우리가 부모님께 용돈을 타내기 위해 이런저런 이야기를 꾸며대거나 아부하고, 때로는 단식도 불사하는 모든 전략과 전술에는 용돈이 목적이 아니라 마치 다른 것이 목적인 양 행동합니다. 군주와 부성의 신성한 권리의 모습으로 작동하는 고대의 생살여탈권이나 현대의 생체-권력도 마찬가지입니다. 인간의 생명과 존엄에 대한 보장의 모습으로 작동하지요. 따라서 부당한 권력에 저항하기란 쉽지 않습니다. 권력은 은밀할 뿐만 아니라 자신의 내적 합리성과 논리를 품고 있고, 그것을 끊임없이 확대 재생산하기 때문이지요. 그런데 생체-권력의 모습은 이전의 생살여탈권을 가진 군주의 모습보다 훨씬 더 잔인한 형태를 띱니다. 푸코는 생체-권력의 잔인한 모습을 몇몇 사례를 통해 보여주고 있습니다.

　　19세기부터 전쟁은 이전의 어떤 시대보다도 더 처참했고, 모든 차이를 감안하더라도 국민에 대해 그와 같은 대학살을 실행한 체제는 19세기 이전에는 결코 없었다. 그 무시무시한 죽음의 권력은 이제 생명에 대해 실제로 행사되는 권력의 보완물, 말하자면 생명을 관리하고 최대로 이용하며 생명에 관해 정확한 통제와 전체적 조절을 실행하려고 시도하는 권력의 보완물로서 주어지는데, 아마 이러한 사실 때문에 죽음의 권력은 자체의 한계를 그토록 멀리 확장하는 데 소용된 힘과 파렴치의 일부분을 부여받을 것이다. 이제 전쟁은 보호해야 할 군주의 이름으로가 아니라 모든 이의 생명이라는 명목으로 행해지고, 국민 전체는 생존의 필요라는 명목으로 서로 죽이도록 훈련받는다. 살육은 사활이 걸린 문제가 되었다. 그토록 많은 체제가 그토록 많은 사람을 죽이게 하면서 그토록 많은 전쟁을 수행할 수 있었던 것은 바로 생명과 생존, 육체와 종족의 관리인으로서의 역할 때문이다. 그리고 악순환의 고리를 닫게 해주는 반전에 의해, 전쟁의 기술체계가 전쟁을 철저한 파괴 쪽으로 선회하게 하면 할수록, 전쟁을 개시하거나 끝내는 결정은 실제로 점점 더 생존의 문제에 맞춰진다.

오늘날 원자핵의 상황은 이러한 과정의 귀착점이다. 즉 어느 한 국민을 전반적 죽음의 위험에 노출시키는 권력은 또 다른 국민에게 생존의 지속을 보장하는 권력의 이면이다. 전투의 전술을 뒷받침하는 원리, 즉 살아남을 수 있기 위해 죽일 수 있어야 한다는 원리는 국가 간 전략의 원리가 되었지만, 문제되는 실재는 더 이상 통치권의 법적 실재가 아니라 국민의 생체적 실재이다. 민족 말살이 정말로 근대적 권력의 꿈인 것은 낡은 죽일 권리가 오늘날 다시 행사되기 때문이 아니라, 권력이 생명, 종, 종족, 대규모적인 인구현상의 차원에 자리 잡고 행사되기 때문이다.

전쟁, 원자핵(그리고 사형제도), 등의 밑바닥에 깔린 논리를 푸코는 생명에 대한 권리, 생체-권력의 작동방식이라고 봅니다. 쉽게 이야기해서 내가 직접적인 생명의 위협을 받지 않음에도 불구하고 내가 살기 위해서는 남을 죽여야만 한다는 사고방식은 근대 이전에는 없었다는 겁니다. 이러한 사고방식의 배경에 바로 생명에 대한 가치를 절대적 가치로 여기게끔 하는 권력의 전략이 작동하고 있다는 것이죠. 바로 이러한 생체-권력의 최첨단에 바로 성과 섹스가 있다고 푸코는 생각합니다.

4. 육체와 쾌락

또 한 번 〈커피프린스〉의 남자 주인공 속으로 들어가 봅시다. 이제 푸코는 이렇게 말하겠지요. 네가 지금 갈등하고 절망하고 좌절하는 이유는 생체-권력이 성의 장치를 작동시켜 너의 의지와 상관없이 너를 세뇌시켰기 때문이야. 아마 너는 스스로도 세뇌당한 것을 모를 거야. 네가 그렇게 된 것은 전적으로 생체-권력의 효과라구. 사실 어느 누구도 그러한 생체-권력의 그물에서 빠져나갈 수 없어. 빠져나가기란 정말 쉽지 않거든! 우선 너 스스로 섹스가 고정된 것이란 생각을 버려야 해. 섹스가 생물학적으로 고정되어 있다고 생각하는 순간, 넌 벌써 생체-권력의 전략에 말려든 거거든. 수많은 의학적 지식과 과학적 자료들로 네가 가진 성정체성을 규정하려 들겠지. 그러나 그것은 널 옭아매는 생체-권력의 전략이란 사실을 반드시 명심할 필요가 있어.

섹스는 최초의 기능들에 스며들고 그것들을 뒷받침하는 또 다른 기능을 발휘한다고 덧붙일 수도 있을 것이다. 이번에는 이론 적이라기보다는 실천적인 역할. 각자가 자기 자신의 이해 가능성에, 자기 육체의 총체성에, 자신의 정체성에 접근하기 위해 거쳐야 하는 것은 실제로 섹스이다. 즉 성의 장치에 의해 결정된 상상적 지점이다.

우리의 정체성에는 반드시 섹스(성별)에 대한 관념이 들어 있습니다. 여러분들 자신을 떠올려보세요. 거기에는 항상 남성 혹은 여성으로서의 '나'가 있습니다. 우리의 정체성을 만들어갈 때도 반드시 자신의 섹스를 고려합니다. 자신을 이해하기 위해서도 섹스를 고려하고, 자신의 몸과 정신을 이해하기 위해서도 섹스를 고려하고, 내가 나임을 확인하기 위해서도 섹스를 고려합니다. 나의 정체성은 이미 사회가 규정한 섹스에 대한 담론에 의해 규정된다는 것입니다. 자신을 규정할 때, 그 무엇보다 먼저 사회적 담론으로써 섹스가 이미 고려됩니다. 자신이 '나' 그 자체가 아니라 이미 '섹스' 속에서 규정된다는 것입니다. 이것은 선험적인 것입니다. 경험에 앞선 것이고, 이미 경험을 넘어서서 강요되는 것이죠. 그런 점에서 푸코는 구조주의자입니다. 구조가 인간보다 앞서 있고, 인간보다 먼저 있는 것이고, 인간을 만들어낸다고 보는 것이지요.

섹스는 권력의 육체, 육체의 물질성, 육체의 힘, 육체의 에너지, 육체의 감각, 육체의 쾌락에 대한 지배력으로 조직하는 성의 장치에서도 가장 사변적이고 가장 관념적이며 가장 내밀한 요소이다.

푸코가 섹스를 가장 관념적이고 가장 내밀한 요소라고 말한 이유는 다른 어떤 것보다 먼저 섹스가 구조 이전의 인간에게 강제되기 때문입니다. 물질로서의 육체에 강제되는 관념적인 섹스라는 것이지요. 푸코는 극단적 유물론자입니다. 모든 것에 물질적 토대가 있다고 보지요. 그리고 그 물질적 토대에 근거해서 인간의 사고나 행동 등 그 어떠한 것도 정신적인 것으로 보지 않습니다. 그런데 푸코가 생각하는 물질은 죽어 있는 게 아닙니다. 살아 있습니다. 자기들끼리 반응하고 섞이고 흩어지면서 무엇인가를 만들어내지요. 이제 푸코는 구조가 만들어낸 인간 이전의 인간을 생각하기 시작합니다. 바로 우리의 육체입니다. 우리의 육체는 권력을 생산하고, 힘과 에너지를 가지고 있고, 감각과 쾌락을 즐기며, 자신의 물질성을 마음껏 발휘하는 구조 이전의 구체적 지점입니다. 그러나 생체-권력은 성의 장치를 작동시켜 그러한 창조성을 지닌 우리의 육체를 통제하고 포섭하려고 하지요. 그럼, 어떻게 생체-권력이 우리에게 성의 장치를 작동시키는지 살펴보도록 하겠습니다.

우리는 성을 한 개인의 내밀하고 은밀한 사생활이라고 생각합니다. 그러나 사랑을 나누기 위해 콘돔을 준비해야 합니다. 임신이 걱정되어 피임약을 먹어야 하고, 절정의 순간에 질외 사정을 해야 한다고 생각합니다. 바로 그 순간, 아주 사적이고 내밀하고 은밀하다고 생각하는 그 순간에 우리는 무엇을 하고 있나요? 우리의 머릿속에서 도대체 무슨 일이 벌어지고 있는 건가요? 상대방과의 섹스가 기쁘지 않아도 기쁜 척할 때, 동성을 사랑해서 갈등하고 있을 때, 맞는 것에 쾌락을 느낄 때, 혹은 때리면서 즐거움을 느낄 때, 지루와 조루를 걱정할 때, 너무 많은 자위행위로 죄책감에 빠질 때, 발가락·구두·스타킹 등에 흥분할 때, 남자가 여자가 되고 싶을 때, 여자가 남자가 되고 싶을 때, 이런 수많은 사적이고 은밀한 순간에 섹스라는 성의 장치는 이미 우리 머릿속에서 작동하고 있습니다. 일상의 가장 내밀하고 사적인 순간, 둘만의 쾌락을 탐닉하고 육체의 쾌락을 즐기는 그 순간조차 우리의 머릿속에서 성의 장치가 작동하고 있는 겁니다. 그 내밀한 순간에도 생체-권력은 우리의 일거수일투족을 감시하는 겁니다.

그런 점에서 푸코는 성은 억압된 것이 아니라 권력에 의해 철저히 관리되고 확대되어 왔다고 말합니다. 실제로 성은 고전주의 시대 이래 부르주아지에 의해 끊임없이 확대되어 왔습니다. 그런데도 왜 사람들은 성이 억압당했다고 믿는 것일까요? 도대체 그렇게 믿는 이유는 무엇일까요? 바로 권력이 은밀히 작동하기 때문입니다. 우리가 화가 나도 생글생글 웃으며 상대를 대할 때, 아파도 아프지 않은 척할 때, 조금 아파도 크게 아픈 척할 때, 국민을 위한다는 정책을 그럴듯하게 내면서 뒤로는 사익을 챙길 때, 교육을 위한다면서 자기 밥그릇만 챙길 때, 권력은 바로 그런 방식으로 은밀하게 작동합니다. 그런 까닭에 섹스와 생명을 매개로 하는 생체-권력의 전략에 저항하기가 만만치 않습니다. 바로 생체-권력은 우리의 건강과 생명을 위해 작동하는 것처럼 보이기 때문입니다.

성의 장치는 '섹스'라는 이러한 상상적 요소를 만들어냄으로써, 자체의 가장 중요한 내적 작동 원리들 가운데 하나, 즉 섹스에 대한 욕망, 이를테면 섹스를 소유하려는 욕망, 섹스에 이르고 섹스를 발견하며 섹스를 해방시킬 뿐만 아니라 섹스를 담론으로 조목조목 진술하고 섹스를 확실히 표명하려는 욕망을 불러일으켰다. 성의 장치는 '섹스' 자체를 바람직한 것으로 설정했다. 섹스의 이러한 바람직함은 섹스를 알고 섹스의 법칙과 영향력을 뚜렷이 밝히라는 명령에 우리 각자를 옭아매는 것이고, 우리가 우리의 모습이라고 생각하는 신기루 같은 것을 우리 자신의 심층에서 올라오게 하는 성의 장치에 우리를 사실상 옭어매는데도, 우리로 하여금 우리가 모든 권력에 저항하여 섹스의 권리를 주장한다고 믿게 만드는 것이다. … 성의 다양한 메커니즘을 전술적으로 반전시킴으로써 권력의 발판에 대해 육체, 쾌락, 앎의 다양성과 저항 가능성을 내세우고자 한다면, 바로 섹스의 심급으로부터 해방될 필요가 있다. 성의 장치에 대한 반격의 거점은 욕망으로서의 섹스가 아니라 육체와 쾌락임이 틀림없다.

섹스가 통제하려고 하는 것은 구조 이전의 인간인 육체와 쾌락입니다. 푸코는 권력은 도처에 있으며, 도처에서 생산된다고 말합니다. 권력은 바로 우리의 육체와 쾌락에서 생산됩니다. 따라서 권력에 저항하는 반격의 거점은 우리의 육체와 쾌락입니다. 우리의 육체와 쾌락이 요구하는 삶을 사는 것이 바로 반격의 거점인 것이죠. 우리의 몸에서는 생체-권력이 허용하지 않고 받아들이지도 않으며 용납할 수도 없는 권력들이 쑥쑥 자라납니다. 권력이 무서워하는 것은 바로 권력입니다. 권력의 목적은 권력이지요.

5. 인간의 안과 밖

이제 마지막으로 〈커피프린스〉의 남자 주인공을 불러 보도록 하겠습니다. "니가 남자건, 외계인이건 상관없어… 가보자, 갈 때까지…" 푸코는 그의 대사를 듣고 함박웃음을 지을 것 같습니다. 왜냐하면 주인공은 사회가 규정한 틀, 섹스에 대한 담론, 성의 장치를 넘어서고 있기 때문입니다. 즉 사회가 규정한 '인간'의 외부에 서 있습니다. 아마 푸코가 살아 있다면 그에게 진한 키스를 할지도 모르겠네요. 그 틀을 넘어서게 하는 힘은 바로 육체와 쾌락에 있습니다. 여기서 육체는 몸의 물질성을 말합니다. 육체는 불어로 'corps'입니다. 주로 '시체'란 말로 쓰이고, 신체 중에서도 정신적인 것을 제외한 물질로서의 몸을 의미하죠. 푸코는 바로 그러한 의미로 육체라는 말을 씁니다. 관념이 들어차 있지 않은 상태로서의 육체. 쾌락은 육체가 느끼는 즐거움입니다. 쾌락은 불어로 'plaisir'인데, 기쁨, 즐거움, 유쾌함, 성적 쾌락 등으로 쓰입니다. 푸코는 이러한 모든 의미에서 '쾌락'이란 말을 씁니다. 우리말로 바꾼다면 '즐거움'에 더 가깝다고 볼 수 있습니다. 육체가 어떠한 관념의 개입 없이 그자체의 물질성에 의해 누리는 즐거움을 말합니다. 푸코는 아마 〈커피프린스〉의 남자 주인공이 자신의 육체에서 생산되는 쾌락을 성의 장치, 생체-권력에서 벗어나 고유한 권력을 만들어냈다고 볼 것입니다. 물론, 이후에 다시 포섭될 수있겠지만 어찌됐건 위의 대사는 푸코를 웃음 짓게 할 것이분명합니다.

푸코가 반격의 거점을 육체와 쾌락으로 잡을 때, 어쩌면 많은 사람들이 개인적 차원의 저항일 뿐이라고 이해할

지도 모르겠습니다. 그러나 그는 사실 개인적 차원이 되었건, 역사적·사회적 차원이 되었건 별로 신경 쓰지 않습니다. 왜냐하면 반격의 거점이 만들어지고, 그 거점에서 새롭게 권력이 생산되기 때문입니다. 부르주아지가 '생체-권력'을 만들어 자신의 지배적 권력으로 구조화시켰듯, 도처에서 수많은 권력이 생겨납니다. 그 중 어떤 것은 이후에 지배적 권력으로 바뀔 수도 있겠지요. 그래서 푸코는 이 책의 마지막에서 또 다른 구조(장치, 권력)가 들어선다면 아마 섹스는 잊혀지고 남아 있더라도 아무도 이해하지 못하게 될 것이라고 말합니다. 그 이유는 우리가 과거 인간의 행위들을 제대로 이해하지 못하는 것과 마찬가지입니다. 푸코는 아마면 미래에 생체-권력을 아무도 이해하지 못할 시대가 올 것이라고 말합니다. 그러면 그때는 생체-권력이 만든 인간은 사라지고, 어쩌면 지금의 우리가 이해하지 못하는 전혀 다른 인간이 있을지도 모릅니다. 그런 점에서 푸코가 중요하게 여긴 것은 지배적 권력의 외부를 찾는 것입니다. 그것을 찾지 못할 때, 우리는 지배적 권력 안에 머물면서 자신의 권력을 잃어버릴 가능성이 높기 때문입니다. 지배적 권력의 외부를 찾지 못하면 내가 지배적 권력의 안에 있는지 밖에 있는지, 내가 싸우고 있는 대상이 적인지 아군인지 구분하지 못하게 된다는 것이죠. 좀더 심하게 말하면, 나는 저항한다고 생각하는데 실제로는 권력을 도와주고 있는 것이

될지도 모릅니다. 따라서 권력의 외부를 찾지 못한 채 저항하는 것은 설령 지배적 권력에 반격을 하더라도 끝내 권력의 장치에 포섭될 가능성이 높습니다.

그런데 권력은 온갖 곳에서 생겨나고 작동하기 때문에 그 외부 또한 개별적이고 다양한 스펙트럼을 띠고 있습니다. 마치 양파껍데기처럼 권력의 밖에는 또 다른 권력이 감싸고 있다는 점에서 푸코의 계보학은 개별적 권력의 외부를 찾는 작업입니다. 〈감시와 처벌〉에서 감옥, 학교, 병원을 둘러싸고 있는 인간의 외부, 〈말과 사물〉에서 언어와 지식을 둘러싸고 있는 인간의 외부, 〈광기의 역사〉에서 비정상인을 통해 본 인간의 외부, 〈임상의학의 탄생〉에서 의학으로 본 인간의 외부 등, 푸코의 다른 지적들도 마찬가지입니다. 그는 하나하나 꼼꼼히 따져가며 지금의 지배적 권력이 주조해낸 인간의 외부를 탐구합니다. 그런 까닭에 푸코는 인간을 둘러싸고 있는 안과 밖을 탐구하는 구도자라고 할 수 있습니다.

푸코는 거대담론을 중요하게 여기지 않습니다. 거대담론은 이미 그 자체가 하나의 지배권력의 전략과 전술일 가능성이 높다고 생각하기 때문이지요. 그리고 기술했듯이 권력은 실제로는 매순간 각각의 다른 지점에서 전혀 다른 방식으로 미시적으로 작동하기 때문입니다. 권력은 상대에 따라 다르게 작동하고, 같은 방식으로 작동해도 그 목적은 다를 수가 있으며, 다른 방식으로 작동해도 그 목적은 같을 수 있습니다. 아이를 야단치는 부모를 생각해 보세요. 부모는 아이에게 밥을 먹이기 위해 야단을 치기도 하고 달래기도 합니다. 사랑한다는 말 한마디로 열심히 공부하게 만들기도 하고, 때로는 부모의 부탁을 들어주게 만들기도 합니다. 그런 점에서 거대담론은 지배권력 외부에 있는 것이 아니라 지배권력 내부의 전략과 전술일 가능성이 크다는 것입니다. 이것은 저항권력의 관점에서도 마찬가지입니다. 거대담론을 생산하려고 하는 저항권력은 거대담론을 자신의 권력을 획득하고 유지하고 포섭하기 위한 전략과 전술로서 사용하는 것이지 그 자체가 권력은 아닌 것이지요.

조지 오웰은 〈1984년〉에서 오브라이언의 입을 빌려 말합니다. "권력의 목적은 권력이다." 지배권력은 자신의 지배권을 장악하기 위해 온갖 노력을 하겠지요. 그런데 이 지배권력은 정말 그럴싸하게 보입니다. 이 권력의 상층부를 우리가 마치 차지할 수 있을 것처럼 보이게 만들어놓았고, 실제로 열심히 노력하면 그곳에 올라갈 수 있는 것처럼 보입니다. 그래서 몇몇은 밑바닥부터 꾸역꾸역 올라가려고 무진장 노력합니다. 그러나 푸코는 은근한 권력의 강제, 그럴싸하게 정해진 운명, 규칙 등이 얼마나 타당한지 타당하지 않은지를 꼼꼼히 따져봅니다. 그랬더니 자기에게 강제되는 것이 보편타당한 진리의 모습을 하고 있지만, 한 시대(지배적 권력)가 요구하는 인간의 모습일 뿐이란 사실을 깨닫고 반격을 거듭하기 위해 죽기 직전까지 〈성의 역사〉 제4권을 집필합니다.

만약 푸코가 부조리한 권력에 맞선다면 어떤 전략을 택할까요? 이것은 푸코의 권력이론을 들여다보면 답이 나옵니다. 앞에서도 언급했지만 푸코는 권력이 조직을 구성하는 다수의 세력관계에서 발생하는 것, 투쟁과 대결을 통해 그러한 관계를 변화시키고 강화해 나가는 것, 반대로 그러한 세력을 분리시키거나 파괴하는 것이라고 정의합니다. 따라서 개별적인 인간과, 조직, 집단, 사회가 각각의 세력관계에서 자신의 권력을 관철시켜나가는 것이 저항의 출발이라고 말할 것입니다. 그러나 사실 푸코의 작업은 여기서 멈췄습니다. 그러한 저항의 거점으로서 육체와 쾌락이 어떻게 조직이나 집단, 사회에서 저항의 거점이 될 수 있는지에 대한 이야기는 제가 아는 한 푸코의 다른 책에서 본격적으로 언급된 것이 없습니다. 사실 이러한 문제의식, 즉 저항의 방법과 거점으로서 육체와 쾌락의 전략은 들뢰즈가 이어받고 있습니다.

제가 이 글을 쓰면서 의도한 것은 푸코의 문제의식을 진지하게 공유해 보자는 것이었습니다. 물론, 푸코의 논의가 지닌 문제점이나 한계 등을 세세히 지적할 수도 있겠지만, 그렇게 하지 않은 이유는 그의 문제의식이 공유되지 못

한 상태에서 비판의 글을 읽게 되면 오히려 푸코에 대한 오
해를 불러일으킬지도 모른다는 우려 때문이었습니다. 제
글이 〈성의 역사〉에 대한 제대로 된 해석이냐 아니냐는 논
란의 여지가 있겠으나 텍스트는 누구에게나 열려 있으므로
꼭 읽어보시고 제게 딴지를 걸어보시기 바랍니다. 그러한
행동들이 아마 푸코가 말하는 저항의 출발점이 아닐까 생
각해 봅니다.

다음 글을 읽고,

1. (가)의 생살여탈권과 (나)의 생체–권력이 작동하는 방식을 비교 설명하시오.

2. 생살여탈권에서 생체–권력으로 바뀌게 된 계기를 설명하시오.

3. (나)를 참고로 오늘날 생체–권력이 작동하는 사례를 찾아서 그림과 연결시켜 설명하고 그림 속 여성이 자유롭게 되기 위한 방안을 설명하시오.

(가)

　　오랫동안 군주의 권력을 특징짓는 특권의 하나는 생살여탈권(生殺與奪權)이었다. 아마 그것은 명백히 로마의 가부장에게 부여된 유구한 권리, 즉 노예뿐만 아니라 자식의 목숨까지 "마음대로 처분할" 수 있는 권한인 '가부장적 전권'에서 유래했을 것인데, 로마의 가부장은 노예와 자식에게 생명을 "베풀었고" 노예와 자식으로부터 생명을 몰수할 수 있었다. 고전주의 시대의 이론가들이 표명하는 그러한 생살여탈권은 이미 "가부장적 전권"이 상당히 완화된 형태이다. 이제는 누구나 생살여탈권이 절대적으로나 무조건적으로 행사되는 것이 아니라 다만 군주의 생존 자체가 위태로울 경우에만 군주로부터 신민(臣民)에게로 행사된다고 이해한다. 즉, 그것은 일종의 재(再)항변권이다. 군주를 타도하거나 군주의 권리를 인정하려 들지 않는 외부의 적에 의해 군주가 위협받는가? 그렇다면 군주는 정당하게 전쟁을 벌이고 신민에게 국가의 방위에 참여할 것을 요구할 수 있고 "직접적으로 신민의 죽음을 꾀하지" 않으면서 합법적으로 "신민의 목숨을 위태롭게 할" 권한을 갖는다. 즉, 이런 의미에서 군주는 신민에 대해 "간접적" 생살여탈권을 행사한다.

(나)

　최고의 권력을 상징하던 죽음의 오랜 지배력은 이제 은밀하게 육체의 경영과 생명의 타산적 관리에 포함된다. 다양한 규율, 가령 초등학교, 중등학교, 병영, 일터가 고전주의 시대에 급속하게 발전한 현상, 또한 정치적 실천과 경제적 관측의 영역에서 출생률, 수명, 공중보건, 주거, 이주의 문제가 대두된 현상, 따라서 육체의 제압(制壓)과 인구의 통제를 획득하기 위한 다수의 다양한 기법이 폭발적으로 증가한 현상. 이러한 현상들을 통해 "생체-권력"의 시대가 열린다. 생체-권력이 전개되는 두 가지 방향은 18세기에도 여전히 명확하게 분리된 것으로 보인다. 규율의 측면에서 생체-권력은 군대나 학교 같은 제도이고, 전술에 관한, 수련에 관한, 교육에 관한, 사회적 질서에 관한 성찰이며, 군사적 분석에서 정치적 꿈으로 나아간다. 인구 조절의 측면에서 생체-권력은 인구통계학이고, 자원과 주민 사이의 관계에 대한 추정, 부와 부의 유통, 생명과 예견할 수 있는 수명의 도표화이다.

미국에서 1억부 이상 판매된 기적의 논술가이드
클리프노트가 한국에 상륙했다!!

방대한 고전을 하루만에 독파하는 스피드
다락원 명작노트 CliffsNotes™ 시리즈는

▶ 미국대학위원회, 서울대, 연·고대 추천 고전을 알기 쉽게 재구성한 대한민국 대표 논술교과서
입니다. ▶ 작품의 핵심내용과 사상, 역사적 배경, 심볼, 작가의 의도 등을 명확하게 정리하여 방대한 원
작을 쉽고 빠르게 이해할 수 있게 해줍니다. ▶ 미국에서 리포트, 논술용으로 1억 부 이상 팔린 초베스트
셀러의 명성에 비평적 사고와 논리적 글쓰기의 모델을 제시하는 〈一以貫之〉의 논술 노트를 통해 사고 능력,
읽기 능력, 쓰기 능력을 체계적으로 길러줍니다.

★〈一以貫之〉논술연구모임: 대입 논술이 시작될 때부터 학원과 학교에서 논술을 가르쳐온 전문가들의 모임입
니다. 현재 서울·분당·평촌·인천·광주·부산·울산 등의 유명 학원과 고등학교의 논술강의 현장에서 학생들이
'자신의 물음'과 '자신의 생각'을 갖고 '자신의 글'을 쓸 수 있도록 도와주고 있습니다.

다락원 명작노트 CliffsNotes™ 시리즈 50권 출간

001 걸리버 여행기 002 동물농장 003 허클베리 핀의 모험 004 호밀밭의 파수꾼 005 구약 성서

006 신약 성서 007 분노의 포도 008 빌러비드 009 이반 데니소비치의 하루 010 카라마조프 가의 형제들

011 순수의 시대 012 안나 카레니나 013 멋진 신세계 014 캉디드 015 캔터베리 이야기 016 죄와 벌

017 크루서블 018 몽테크리스토 백작 019 데이비드 코퍼필드 020 프랑켄슈타인 021 신곡

022 막대한 유산 023 햄릿 024 어둠의 심연 外 025 일리아드 026 진지함의 중요성 027 제인 에어

028 앵무새 죽이기 029 리어 왕 030 파리대왕 031 맥베스 032 보바리 부인 033 모비딕

034 오디세이 035 노인과 바다 036 오셀로 037 젊은 예술가의 초상 038 주홍 글씨 039 테스

040 월든 041 워더링 하이츠 042 레미제라블 043 오만과 편견 044 올리버 트위스트 045 돈키호테

046 1984년 047 이방인 048 율리시스 049 실낙원 050 위대한 개츠비

작가 노트 | 작가에 대해 꼭 알아야 할 배경지식이 담겨 있습니다.

작품 노트 | 작품의 개요, 전체 줄거리, 등장인물 등 작품 전반을 이해하는 데 필수적인 부분을 실어 놓았습니다.

Chapter별 정리 노트 | 각 장의 '줄거리'와 '풀어보기' 가 들어 있습니다. '줄거리'에서는 원작의 내용을 명쾌하게 파악할 수 있습니다. '풀어보기'에서는 원작에 담긴 문학적 경향, 주제, 상징 등을 다루었습니다.

인물분석 노트 | 등장인물에 대한 보다 면밀한 분석이 들어 있습니다.

마무리 노트 | 작품의 주제 등 보다 넓은 시각에서 작품을 볼 수 있도록 도와줍니다.

Review | 작품 이해도를 묻는 질문 코너입니다. 다양한 질문에 답하다 보면 작품에 대한 포괄적이고 의미 있는 파악이 가능해집니다.

一以貫之 논술 노트 | 권말에는 일이관지 논술연구모임에서 작성한 해당 작품과 관련한 논술 노트가 실려 있습니다. 원작을 우리의 삶과 연계시켜 비판적 사고와 논리적 글쓰기의 방향을 제시합니다.

실전 연습문제 | 해당 작품을 바탕으로 출제 가능성이 높은 논점을 함께 숙고해 봅니다.

★ 변형 국판 ★ 각권 8,500원

〈행복한 명작 읽기〉는 기초가 약한 영어 초급자나 초, 중, 고 학생들이 보다 즐겁고 효과적으로 명작들을 읽으며 독해력을 키울 수 있도록 개발된 독해력 증강 프로그램입니다.

국판 | Grade 1, 2, 3 각권 **6,000**원(오디오 CD 1개 포함)
Grade 4, 5 각권 **7,000**원(오디오 CD 1개포함)
*어린왕자 **8,000**원(오디오 CD 2개 포함)
고도를 기다리며 **9,000원(오디오 CD 2개 포함)

책의 특징

1 골라 읽는 재미가 있다. 초보자를 위한 350단어 수준에서 중고급자를 위한 1,000단어 수준까지 5단계 구성.
2 단계별로 효과적인 영어 읽기 요령과 영문 고유의 참맛을 느낄 수 있는 장치가 곳곳에.
3 읽기만 해도 영어의 키가 쑥쑥 - 해석을 돕는 돼지꼬리(～), 영어표현 및 문법 설명, 퀴즈가 왕창.
4 체계적인 듣기 학습까지. 전문 미국 성우들의 생동감 넘치는 원음을 담은 오디오 CD 제공.

Grade 1 Beginner	**Grade 2** Elementary	**Grade 3** Pre-intermediate	**Grade 4** intermediate	**Grade 5** Upper-intermediate
350words	**450**words	**600**words	**800**words	**1000**words
1 미녀와 야수	11 이솝 이야기	21 톨스토이 단편선	31 오페라 이야기	41 센스 앤 센서빌리티
2 인어공주	12 큰 바위 얼굴	22 크리스마스 캐럴	32 오페라의 유령	42 노인과 바다
3 크리스마스 이야기	13 빨간머리 앤	23 비밀의 화원	33 어린 왕자*	43 위대한 유산
4 성냥팔이 소녀 외	14 플랜더스의 개	24 헬렌 켈러, 나의 이야기	34 돈키호테	44 셜록 홈즈 베스트
5 성경 이야기 1	15 키다리 아저씨	25 베니스의 상인	35 안네의 일기	45 포 단편선
6 신데렐라	16 성경 이야기 2	26 오즈의 마법사	36 고도를 기다리며**	46 드라큘라
7 정글북	17 피터팬	27 이상한 나라의 앨리스	37 투명인간	47 로미오와 줄리엣
8 하이디	18 행복한 왕자 외	28 로빈 후드	38 오 헨리 단편선	48 주홍글씨
9 아라비안 나이트	19 몽테크리스토 백작	29 80일 간의 세계 일주	39 레 미제라블	49 안나 카레니나
10 톰 아저씨의 오두막	20 별|마지막 수업	30 작은 아씨들	40 그리스 로마 신화	50 나에겐 꿈이 있습니다 -명연설문 모음

쉬운 영문을 통해 영어 독해에 대한 막연한 두려움을 없앤다

왕초보 기초다지기

실력에 맞게 효과적으로 끊어 읽으며 직독해 훈련을 한다.

실력 굳히기

영문판 원서 도전을 위한 전 단계의 준비과정이다.

영어의 맛 제대로 느끼기